LE CONFLIT

DE

L'AUTONOMIE NATIONALE

ET DE L'IMPÉRIALISME

BIBLIOTHEQUE SOCIOLOGIQUE INTERNATIONALE
publiée sous la direction de M. René Worms
Secrétaire-Général de l'Institut International de Sociologie

Série in-18. — I

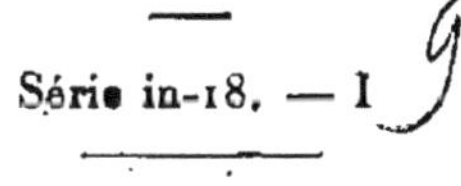

LE CONFLIT

DE

L'AUTONOMIE NATIONALE

ET DE L'IMPÉRIALISME

PAR

GASTON RICHARD

PROFESSEUR DE SCIENCE SOCIALE A L'UNIVERSITÉ DE BORDEAUX
ASSOCIÉ DE L'INSTITUT INTERNATIONAL DE SOCIOLOGIE

L'imperialismo è il pericolo urgente in Europa.
L'Europa deve combatterlo, vincere o perire.

Mazzini.

M. GIARD & É. BRIÈRE

LIBRAIRES-ÉDITEURS

16, RUE SOUFFLOT ET 12, RUE TOULLIER

1916

A LA MÉMOIRE

INTRODUCTION

INTRODUCTION

Si grande qu'ait été la responsabilité morale assumée par les empereurs et les hommes d'Etat qui, en juillet 1914, ont pris l'initiative de la guerre, on ne peut refuser à l'événement lui-même des antécédents historiques rigoureusement déterminés. Il en est une preuve irréfragable : c'était que la guerre européenne avait été prévue depuis plus d'un quart de siècle et jusque dans ses moindres détails par quelques esprits clairvoyants. Au moment où le traité de Berlin commençait à produire ses effets en mettant aux prises dans les Balkans la politique de la Russie et celle de l'alliance austro-allemande, un homme dÉ'tat anglais, Charles Dilke, publiait l'*Europe en 1887* (1). On ne saurait trop conseiller une nouvelle lecture de ce livre à ceux qui l'auraient oublié et surtout, en recommander l'étude aux hommes de la génération nouvelle. Elle les convaincrait que les années qui se sont écoulées depuis cette date n'ont été pour l'Europe qu'une longue veillée

(1) Sir Charles WENTWORTH DILKE, *L'Europe en 1887*, Paris, 1887.

d'armes, interrompue seulement par les accès de somnolence de ceux que l'on pourrait, sans leur faire tort, appeler les fumeurs d'opium de la politique.

L'objet immédiat de Charles Dilke était d'inviter ses compatriotes à régénérer leur organisation militaire (1) s'ils voulaient être en état non seulement de préserver leur empire colonial, mais d'assurer la sécurité de leurs côtes en faisant respecter les traités qui ont établi la neutralité de la Belgique (2). Déjà il envisageait toutes les éventualités qui ont surgi depuis : la conclusion d'une alliance franco-russe (3), la violation du territoire belge par les Allemands (4), l'invasion de la Galicie (5), la déconfiture de l'Autriche (6), la probabilité d'un conflit austro-italien (7), la résistance invincible de la France et son aptitude à se donner des généralissimes égaux, sinon supérieurs aux stratèges allemands (8). Par-dessus tout, il évoquait d'avance la fermeté du peuple russe dans les revers et l'affermissement de sa conscience nationale à la suite d'une victoire temporaire de l'Allemagne (9).

(1) *L'Europe en 1887*, pp. 3, 49, 77, 278, 304, 309.
(2) *Ibid.*, pp. 274, 278, 285, 293, 312, 318, 322.
(3) *Ibid.*, p. 32.
(4) *Ibid.*, p. 42.
(5) *Ibid.*, pp. 152, 189.
(6) *Ibid.*, pp. 150, 156, 186, 190, 194, 203.
(7) *Ibid.*, pp. 189, 194.
(8) *Ibid.*, pp. 52, 63, 68, 76.
(9) « Le seul étranger qui existe pour le paysan russe est l'Allemand, au point que ce nom est pour lui synonyme du mot « étranger » et que sa haine pour les « hommes muets », comme il les appelle, est vivace et profonde. Il ne connaît guère les Anglais. Le sentiment des masses est qu'un jour une guerre

Dilke analysait la situation européenne en publiciste empirique, étranger à toute théorie politique ou à tout système sociologique, attentif seulement aux faits et dans la mesure où ils intéressaient la sécurité et la grandeur de l'Angleterre. Cette situation, qui lui révélait un état de guerre latent, prêt à se manifester à la première occasion, dérivait du traité de Berlin, qui n'était lui-même que le développement des conséquences du traité de Francfort. Au lieu de pacifier l'Europe, l'un et l'autre tendaient à aggraver, en le perpétuant, un conflit inhérent à son droit public. La nature de ce conflit peut être définie en deux mots. Tandis que la démocratie se développe peu à peu à l'intérieur des Etats de l'Ouest à l'Est de l'Europe, associant les classes laborieuses au gouvernement et à la législation et posant au droit de nouveaux problèmes qui ne peuvent être résolus que dans la paix, les rapports des peuples échappent de plus en plus à toute règle juridique et ne reconnaissent plus d'autre loi que la force, la lutte pour l'existence, démentant non seulement les espérances des utopistes et des philanthropes issus de Condorcet

éclatera entre la Russie et l'Allemagne, auprès de laquelle celle 1870 n'aura été qu'un jeu d'enfants, disent les soldats, et qui, si l'issue en était favorable aux Allemands, recommencerait à la première occasion jusqu'à l'anéantissement de l'Empire germanique. La cour tient en bride dans une certaine mesure cette opinion populaire, à laquelle elle se ralliera peut-être plus tard pour en tirer profit ; mais actuellement c'est moins à l'Allemagne qu'elle en veut qu'à l'Autriche » (1).

(1) *L'Europe en 1887*, p. 132.

et de Saint-Simon, mais même les résultats qui semblaient acquis à la conscience universelle depuis la fin du Moyen Age.

De 1887 à 1914, la contradiction dont souffrait le droit public de l'Europe n'avait fait que s'accentuer. La démocratie politique et sociale poursuivait sa marche ascendante, du Portugal à la Russie. Elle semblait partagée entre la tendance à mieux consacrer l'autonomie de petites nations telles que la Norvège et un internationalisme dont les théoriciens présentaient volontiers la nationalité comme un moment dépassé de l'évolution humaine. Mais ses fluctuations et ces incertitudes sur un problème si capital attestaient seulement la difficulté de mettre fin à l'état de guerre latent que l'anarchie orientale et l'universel accroissement des armements rendaient chaque année plus onéreux à la coopération des peuples européens.

Dans ces conditions, l'entrée des armées en ligne devenait aussi inévitable que la répétition des vendettas peut l'être dans un pays où l'on ne réussirait pas à constituer un tribunal ou à mettre une force publique à son service. L'état qui prévalait en Europe depuis 1878 et principalement depuis 1908, date de l'annexion provocatrice de la Bosnie par l'Autriche (1),

(1) « C'était la première fois que l'Alliance germano-autrichienne devait prouver sa ténacité et sa force devant un grave conflit. Dans mes discours au Reichstag, je ne laissai pas planer le moindre doute sur la question de savoir si l'Allemagne était résolue à s'en tenir dans toutes circonstances au traité avec l'Autriche-Hongrie... L'heure était venue de montrer si l'Allemagne

méritait si peu le nom de paix que l'événement de juillet 1914 n'a été autre chose que le dénouement prévu d'une grande tragédie politique, ou, si l'on préfère, l'explosion simultanée de toutes les énergies guerrières intentionnellement accumulées.

Aussi, à peine les armées étaient-elles engagées dans la lutte exterminatrice que de tous côtés on entendit l'expression de la même conviction : la guerre devait être menée jusqu'au bout, jusqu'au moment où l'Europe serait renouvelée, où une nouvelle organisation se ferait jour, permettant à une génération plus jeune, chargée hélas d'une dette si formidable, de reconstituer les forces sociales dans la paix et le travail sous la protection d'un droit moins précaire.

Dès ce moment, on vit se heurter deux conceptions de la réorganisation de l'Europe, en rapport chacune avec la victoire hypothétique de l'un des camps. On peut dire, sans grande chance d'erreur, que le conflit de ces deux plans de réorganisation est le fond même de la guerre.

Le plan allemand consiste à unifier l'Europe en la subordonnant militairement, politiquement et économiquement à l'Allemagne. La formule complète en

avait été réellement tenue en échec par la politique d'encerclement, si les puissances entraînées dans le cercle de la politique anti-allemande trouveraient d'accord ou non avec l'intérêt de leur vie européenne, le fait de marcher en ennemies contre l'empire allemand et ses alliés. Le dénouement de la crise bosniaque fut réellement la fin de la politique d'encerclement. » (Prince de Bülow, *Deutschland unter Kaiser Wilhelm II*. Tome I, chap. 1er, Berlin, Reimar Hoffine, 1914). — Cet ouvrage a paru quelques semaines avant la guerre.

a été donnée par le professeur Ostwald dans les *Mo-nistiche Sonntagspredigten*. Elle est digne d'être conservée à l'histoire.

« Nous ne devons conclure qu'une paix qui exclue tout retour de guerre européenne et nous devons imposer à nos adversaires, qui sont non seulement nos semblables, au sens chrétien, mais aussi des collaborateurs nécessaires, des conditions telles que, d'ici au moins cinquante ans, la situation ne puisse être troublée. Si les divers pays de l'Europe ne pouvaient être amenés à cette conception de la paix par la voie du consentement volontaire, l'Allemagne après cette guerre victorieuse, sera de taille à les y contraindre de force. »

« En premier lieu, il s'agira d'empêcher l'Angleterre, le plus grand ennemi de la paix en Europe, de nuire, et cela de façon durable, en mettant fin une bonne foi à sa suprématie jusqu'ici incontestée sur les mers. Le fondement de sa puissance, savoir sa flotte militaire, devra être supprimé ou réduit à un minimum qui écarte tout danger futur. Quant aux armées de terre, nous lui serons alors, à elle et à tous nos autres voisins, tellement supérieurs que pour longtemps tous renonceront vraisemblablement tout à fait à entretenir une armée pour leur compte et s'en remettront à nous du soin des protections nécessaires du côté de l'Orient. »

« Après avoir placé en Allemagne le centre de gravité militaire de l'Europe, il sera au moins aussi nécessaire d'y établir également le centre de gravité économique. Les événements qui viennent de mettre en lumière l'infériorité d'organisation de la Banque d'Angleterre et de la Banque de France, comparées à la Reichsbank d'Allemagne, ont démontré la nécessité de retirer à Londres, qui le détient, le marché monétaire de l'Europe et de le confier à l'Allemagne. Hambourg, qui compte des personnalités qualifiées et réunit les conditions voulues, nous semble tout à fait désigné pour cette importante fonction. »

« Nous ne songeons pas à imposer, après la victoire, au reste du monde, la langue allemande, la pensée allemande, non plus que l'esthétique et l'art allemands. Indépendamment des difficultés pratiques que rencontrerait la réalisation d'un tel projet, il serait par lui-même en désaccord avec l'esprit dans lequel s'est développé notre culture. Cependant, par suite de la prédominance du germanisme en Europe, bien des obstacles qu'opposaient jusqu'ici au progrès de la culture les manifestations particulières des peuples, disparaîtront… Des entreprises d'ordre scientifique, que la guerre a brisées et qui, à première vue, semblent aujourd'hui pour bien longtemps compromises, pourront être reprises quand les Etats-Unis d'Europe, sous la conduite allemande et avec l'empereur allemand comme président, se seront repris aux tâches de la civilisation et de l'humanité (1). »

Refusera-t-on de voir là autre chose qu'une de ces fantaisies qui éclosent dans les imaginations sur-

(1) Nous empruntons cette citation à un article publié par M. Maurice Millioud, professeur de sociologie à l'université de Lausanne, dans la Bibliothèque universelle, dont il est directeur (n° 227, novembre 1914, tome LXXVI, p. 224).

chauffées des « intellectuels » et dont s'amusent les
hommes d'Etat quand il leur arrive de leur accorder,
à l'occasion, un moment d'attention distraite ? Ce
serait, croyons-nous, ravaler à l'excès la pensée
d'Ostwald. Chacun sait quelle place il a tenue à l'université de Leipzig. C'est aussi un personnage politique
auquel l'empereur Guillaume n'hésitait pas à confier
d'importantes missions. Ajoutons qu'il est à mille
lieues de ces théoriciens darwinistes de la guerre qui
stimuleraient volontiers la dureté des chefs de l'état-
major prussien s'il en était besoin. Dans le remarquable essai qu'il a consacré dans la *Bibliothèque sociologique internationale* aux « Fondements énergétiques
de la science de la civilisation », il avait apporté à la
politique pacifique l'appui des arguments scientifiques
les plus forts et condamné la guerre comme une déperdition de l'énergie humaine (1).

Le moins que l'on puisse dire du plan formulé par
Ostwald, c'est qu'il est symptomatique. Il nous fait
connaître le terme extrême des ambitions allemandes,
mais le langage tenu, avant ou pendant la guerre par
les chanceliers de l'empire nous prouve que ces ambitions sont bien réelles (2). La politique allemande

---

(1) « Ce qui fait la valeur de la paix, c'est qu'elle améliore le
coefficient d'exploitation relatif à l'utilisation des énergies. »
(W. Ostwald, *Des fondements énergétiques de la science de la civilisation*, Chap. VI, p. 16), Paris, 1910.

(2) Un discours prononcé par M. de Bethmann-Hollweg au
Reischtag, dans la session d'août 1915, retient l'idée essentielle
d'Ostwald, la répudiation de tout équilibre européen. En termes

se représente l'Europe future désarmée, pacifiée et organisée, mais désarmée par la prépotence allemande, pacifiée par l'incorporation tacite de tous les Etats continentaux à l'Empire allemand, enfin organisée conformément à un césarisme économique plus qu'à demi réalisé déjà dans l'Empire.

Cette image de la nouvelle Europe peut ravir une certaine classe de socialistes qu'anime inconsciemment l'esprit césarien et qui n'ont d'autre ennemi que l'individualisme, mais elle fait table rase de toutes les conceptions connues de la démocratie.

Jugée du point de vue des résultats généraux de l'histoire moderne, cette conception paraît délirante. C'est le plan de Charles-Quint et de Philippe II, appuyé, non plus sur la théologie, mais sur cette forme dégradée de la pensée scientifique que l'on a nommée le *scientisme*. Pour qu'un grand peuple ait pu l'adopter, y reconnaître l'expression de ses aspirations nationales, il faut sans aucun doute qu'il soit travaillé par une profonde maladie sociale. Cette maladie, peut-être réussirons-nous à la définir en nous aidant des écrits de certains penseurs allemands restés indépendants, au moins avant la guerre.

Le plan des alliés, énoncé dès le premier jour par Sir Edward Grey, se résume dans l'application du principe des nationalités. La solution de la question irlandaise, la restauration de l'autonomie polonaise

plus discrets M. de Bülow avait exposé un plan identique quand il montrait la politique continentale de Bismarck transformée en *Welt politik* (*Loco citato*, ch. 1).

par l'empereur de Russie, le retour rapide de l'Italie à l'irrédentisme et à la politique du Risorgimento ont montré qu'il y avait là tout autre chose qu'un artifice diplomatique. Le principe des nationalités permet d'accorder la politique russe dans les Balkans avec la revendication française du droit des populations lorraines et alsaciennes, ainsi qu'avec les revendications italiennes et avec toutes les traditions de la politique britannique. Il n'a pas seulement la valeur négative d'un démenti à la politique de conquête et d'annexion impliquée dans l'ultimatum autrichien à la Serbie et dans la double violation de la neutralité belge et luxembourgeoise : en groupant pour sa défense, dans la plus étroite solidarité militaire, politique et financière cinq grandes puissances dont les territoires couvrent la plus grande partie de la Terre et qui régissent dans l'ordre et la liberté plus de six cent millions d'hommes, il contient l'embryon d'une organisation juridique de l'Humanité.

Mais le principe des nationalités mérite-t-il la confiance que lui accorda longtemps la démocratie et qu'elle lui a unanimement rendue, dans ces mois d'épreuve, où l'impérialisme la réduit à lutter pour l'existence ? N'est-il pas le manteau brillant dont s'affuble la lutte des races pour déguiser ses difformités ? Est-il compatible avec une organisation quelconque de la coopération humaine ?

Au temps déjà éloigné où l'Italie préparait son unité et où un empereur des Français accordait au principe des nationalités sa protection intermittente,

le plus éloquent et le plus profond de ses protago-
nistes, Joseph Mazzini, s'attachait à démontrer qu'une
reconstitution de l'Europe d'après ses exigences était
l'expresse condition de toute division rationnelle du
travail entre les peuples (1).

Mais depuis n'a-t-on pas vu le nationalisme et la démocratie engager la lutte, en France plus qu'ailleurs,
et se traiter en ennemis irréconciliables ? Les parti-
sans du nationalisme n'ont-ils pas demandé des arguments à l'anthropologie et au darwinisme ? La nationalité n'a-t-elle pas été présentée soit comme un
résultat historique de la lutte des races, comme un
produit instable dont la conservation serait incompatible avec tout un véritable régime de discussion et
plus encore avec l'égalité démocratique, soit comme
un fruit morbide du métissage de races inégales, qui
doit assurer tôt ou tard la réaction victorieuse des
races restées pures ?

Il nous a semblé que la valeur comparative des

(1) « L'organisation des nationalités n'est pas seulement une
réparation apportée à de grandes injustices, la conséquence d'une
conception philosophique et historique, la substitution du principe de la volonté populaire au fait de la conquête féodale et
monarchique : c'est encore un degré qu'il faut franchir pour
s'élever à l'association, à la division du travail collectif, à la
création de l'instrument dont l'humanité se servira un jour pour
conquérir son propre progrès ; c'est l'unique méthode qui per-
mette l'économie et la coopération d'une somme énorme de
forces intellectuelles, morales, économiques, aujourd'hui perdues
ou dévoyées dans une lutte continuelle et inévitable contre une
organisation arbitraire et le mauvais gouvernement qui en est
la suite » (MAZZINI, *Apud Calabro. La dottrina religioso-soziale nelle
opere di G. Mazzini* (Volume II, p. 213. Palerme, Reber, 1912.)

deux principes, dont chacun peut imprimer une direction nouvelle à l'humanité, devait être soumise à un examen sociologique. Pour élever une telle prétention cette science est peut-être bien jeune, et nous-même sommes-nous peu qualifié pour la représenter. En d'autres temps, ces scrupules nous auraient sans doute arrêté : dans les journées que nous vivons, nous les jugeons sans portée. Nous avons conscience de lutter contre l'invasion des sophismes : elle n'est pas moins néfaste que l'autre, qu'elle précède toujours et qu'elle risque de perpétuer.

CHAPITRE PREMIER

Un Etat, fût-il dépositaire d'une culture scientifique supérieure, pourrait-il organiser la société européenne, sans tenir compte de l'existence autonome
des autres nations ? Telle est la question que les pré-
tentions allemandes ont brusquement posée à la sociologie appliquée. Si nous demandons des éclair-
cissements à cette « science de la civilisation » dont
Ostwald a trouvé les fondements dans l'énergétique,
nous n'obtenons pas une réponse satisfaisante. Il
n'est nullement certain, pour le lecteur de l'opuscule
d'Ostwald, que la théorie scientifique de la force
puisse justifier une politique de violence. Le respect
du droit ne serait-il pas la meilleure économie de
l'Energie ? En 1910, l'énergétique condamnait la
tradition guerrière en termes exempts d'équivoque.
« A quoi tend le droit ? y lisons-nous. A concilier
les intérêts particuliers, soit entre eux, soit avec les
intérêts de la société. Autrefois, pour ne pas être
opprimé par ses voisins, l'individu dépensait en com-

bats la plus grande partie de son temps et de son énergie et il ne lui en restait plus guère pour soigner ses intérêts immédiats. *Le droit ayant remplacé la force dans les rapports entre personnes, on peut aujourd'hui convertir en énergie utile l'énergie qu'on gaspillait autrefois en combats.* Le droit a donc pour but de supprimer les gaspillages d'énergie brute, d'améliorer par là le coefficient économique de transformation de cette énergie en énergie utile ». (1) Nous savons qu'en 1914 il en était autrement et qu'une guerre gigantesque pouvait être considérée comme la dépense d'énergie la plus judicieuse. Ces variations nous autoriseront à douter, non peut-être de l'énergétique, mais de la compétence sociologique qu'elle peut conférer à ceux qui la cultivent exclusivement.

Ostwald serait sans doute le premier à nous répondre qu'entre l'énergétique et la politique, des intermédiaires sont indispensables et que, si l'on en tient compte, on comprend mieux le sens et la valeur de la politique conquérante. L'énergétique nous conduirait trop vite à reconnaître la supériorité du droit sur la violence, mais la science allemande a ébauché toute une théorie naturelle et historique de l'Etat, où l'impérialisme peut trouver un riche arsenal d'arguments à sa disposition.

La théorie de l'organisation de l'Europe se présente sans doute comme un moment d'une théorie plus générale, celle de l'intégration politique ou de l'organisation territoriale de l'Etat. La science compétente, c'est ici la *géographie sociale*, telle que l'Alle-

---

(1) Les fondements énergétiques de la science de la civilisation, Chap. ii, le coefficient économique, p. 30.

magne l'a conçue et élaborée depuis Karl Ritter. On ait que Ratzel en a été le plus illustre représentant et sa collaboration à l'*Année sociologique* a achevé de le faire connaître en France au public éclairé (1). Ratzel va donc nous exposer les prémisses d'une politique réaliste, dégagée de toute « sentimentalité », asservie à des lois naturelles et nécessaires et dont Ostwald n'avait pu formuler que les conclusions.

En 1898, Ratzel, déjà connu par ses *Contributions anthropogéographiques* et son *Ethnographie* (Vœlkerkunde), faisait paraître l'œuvre qui a mis le sceau à sa réputation scientifique, la *Politische Geographie*, un titre qui traduit littéralement risque de donner la plus fausse idée de l'œuvre, car c'est moins une géographie politique au sens usuel attaché à ce terme, qu'une *politique géographique*, une théorie de l'Etat dans ses rapports avec le sol.

Dès son apparition, la *Politische Geographie* fut considérée en Allemagne comme un manuel de politique impérialiste. Ratzel y considère l'Etat comme un organisme territorial, redevable de son existence à l'usage qu'une population fait du sol acquis par elle. La croissance à laquelle l'Etat est soumis, comme tout organisme, est purement territoriale et pour deux raisons. La première est qu'elle dépend de la densité de la population qui rend de plus en plus étroit le lien entre le peuple et le sol. L'autre est que le travail de la population s'enracine toujours plus dans le sol, car entre l'activité économique et la puissance politique, la dépendance est complète et réci-

(1) Le Sol, la Société et l'Etat. *Année Sociologique* publiée sous la direction de M. Emile Durkheim. 3e année (1898-1899).

proque. Les différentes parties du territoire de l'Etat deviennent ainsi pour lui de véritables organes, au point que la perte d'un territoire peut être pour l'Etat comme l'ablation d'un viscère essentiel et mettre toute la vie nationale en péril.

Puisque l'Etat est un organisme, il a nécessairement une évolution. Elle se fait conformément aux lois biologiques, à la concurrence vitale et à l'adaptation. Ratzel ne s'arrête pas à l'idée que le passage du petit Etat au grand pourrait être le résultat d'une fédération volontaire, comme l'histoire en montre tant d'exemples. Il ne connaît qu'un agent de l'évolution, la conquête. Au degré le plus simple de la vie de l'Etat, il nous montre le village gouverné par un petit potentat et résultant le plus souvent de la subordination violente de plusieurs clans à l'un d'entre eux. Quand un village est assez bien situé pour devenir un centre commercial, ou quand une série de guerres heureuses y a fait affluer les vaincus et les esclaves, il atteint les dimensions d'une ville et l'Etat citadin (Stadtstaat) apparaît : c'est la forme d'Etat qui a prévalu en Phénicie et en Grèce. A un degré supérieur est placé l'Etat territorial (Lands staat) qui unit sous un même gouvernement un ensemble de villes et de villages entre lesquels s'établit une coopération durable. La Macédoine et les Etats issus de son expansion, l'empire romain, les royaumes formés par la conquête germanique, en ont fait apparaître le type.

La guerre est toujours la condition du passage d'un degré de l'Etat à l'autre. En d'autres termes, au début de l'évolution de l'Etat, il y a une multitude de formes politiques élémentaires, d'Etats minuscules dont les cadres n'enferment qu'une population clair-semée et homogène, vouée à des occupations uniformes. La guerre décide de ceux qui doivent persister en s'étendant ou en s'épanouissant ou disparaître, absorbés par les autres.

Une fois l'Etat territorial et national formé, la petite nation n'est-elle pas aussi respectable que la grande ? Ne peut-elle pas concourir pour sa part à la civilisation générale ? Ou bien le processus de conquête et d'absorption doit-il se poursuivre ? Là est pour la science politique la vraie question. Ratzel répond affirmativement en faisant intervenir la curieuse théorie de l'espace politique.

Au cours de leur évolution du village à la nation et de la nation au grand empire, les Etats occupent d'inégales portions d'espace. C'est ainsi qu'en Europe on reconnaît le rang d'Etat à la principauté de Lichtenstein, aux Républiques d'Andorre et de Saint-Marin, au Grand Duché de Luxembourg, tout comme à l'Empire russe. C'est entre ces deux extrêmes que prennent place presque tous les Etats européens, la Belgique avec ses 29.000 kilomètres carrés, la France, l'Allemagne, l'Autriche-Hongrie qui en ont respectivement 536.000, 544.000 et 677.000. Néanmoins, quoique l'on puisse passer de la plus petite principauté au plus grand empire par tous les degrés de transition, Ratzel croit pouvoir classer sommairement les Etats en deux groupes, les Etats à grand espace et les Etats à petit espace. Or, ce n'est pas là une circonstance négligeable et le géographe croit pouvoir sur ce point redresser les vues des politiques et des philosophes. La conscience d'occuper un grand espace ne peut être indifférente à l'énergie d'un peuple. Le vrai problème est de définir exactement le rapport entre l'espace et l'énergie nationale.

Le grand espace est défini par Ratzel l'espace en voie de croissance : d'où une excitation générale, une tension de toutes les forces qui ont permis à l'Etat de s'étendre. Le cas typique nous est présenté par les Etats-Unis de l'Amérique du Nord qui ont eu pour loi de s'étendre rapidement d'un océan à un autre. Viendrait ensuite la Russie, avec le développement séculaire qui l'a conduite des plaines de la Volga aux mers fermées de l'Europe orientale, puis à l'Océan pacifique. Par opposition, le petit espace sera l'espace en voie de décroissance, absolue ou relative. Le petit Etat dispose de peu d'espace pour l'accroissement de sa population et de plus, tout espoir de s'étendre lui est interdit par la force des choses. Quel espoir d'élargir ses frontières pourrait conserver la République d'Andorre ou la principauté de Lichtenstein ? Forcément le petit Etat est stationnaire ou décroissant ; il n'a d'autre espoir que de conserver son indépendance ou son autonomie et d'éviter une annexion à un puissant voisin ; il n'a d'autre moyen de rester indépendant que la neutralité, mais qu'est-ce que la neutralité, demande Ratzel, sinon un aveu d'impuissance, un refus anticipé d'exercer ses forces dans la lutte ?

L'espace a donc en lui-même une sorte de vertu excitante pour l'énergie nationale ; c'est l'excitation d'un appétit de puissance. L'Etat qui a conscience d'occuper sur la planète un grand espace peut et veut en occuper davantage encore. Il vient un moment où rien ne limite son ambition de même que l'Etat à petit espace voit, à une certaine date de son histoire, sa destinée achevée. Il y a pour chaque Etat une sorte d'école de l'espace ; il fixe sa destinée d'après la façon dont il la met à profit et la guerre en est la principale occasion. Rome a su s'instruire à cette école et former un grand empire ; les cités grecques ne l'ont pas su et n'ont pu dépasser la phase de l'Etat citadin.

Sans doute le petit espace s'accompagne de certains avantages dont l'appréciation a pu induire les historiens de la civilisation en erreur sur la valeur réelle des petits Etats. A la gloire de ceux-ci on citera toujours les cités grecques et les républiques italiennes du Moyen Age. En un petit espace, l'esprit public arrive plus vite à maturité. Mais cet avantage est annulé par de graves inconvénients. Quand la population doit se condenser sur un petit espace, quand tout horizon lui est fermé, quand toute occasion d'expansion au dehors est refusée à ses habitants, le microstatisme commence à dévoiler tous les maux qui y sont inhérents. Non seulement les forces nationales décroissent faute d'exercice, mais celles qui subsistent sont mal employées. Le petit Etat est le théâtre des luttes politiques les plus ardentes et les plus acharnées. Toutes les ambitions s'y dépensent en un effort pour dominer le petit espace dont on reste maître et un misérable esprit local en vient à paralyser toutes les facultés et à rendre impossibles toutes les initiatives.

La politique géographique ne mesure donc pas la valeur des Etats à l'esprit d'indépendance, au patriotisme de leurs habitants ni même à l'étendue des services qu'ils ont pu rendre à la civilisation dans le passé, mais bien à leur puissance actuelle, symbolisée par l'espace qu'ils occupent. Elle conclut que l'indépendance du petit Etat n'a rien de respectable non seulement parce qu'il représente une phase dépassée de l'évolution des organismes collectifs, mais encore parce qu'il stérilise et atrophie l'énergie que ses habitants pourraient déployer dans des conditions meilleures. La neutralité, derrière laquelle s'abritent les petits Etats, est pour eux le stigmate de la déchéance. La grande politique, interprète des lois géographiques, qui fait litière de toutes ces fictions et annexe les petits Etats en ouvrant à leurs citoyens les grands espaces, est la seule politique réellement bienfaisante.

Un demi-siècle avant Ratzel, Auguste Comte croyait pouvoir induire de l'histoire moderne une loi qui est précisément l'inverse de la loi d'intégration formulée par le géographe allemand, une loi de décomposition des grands Etats. A ses yeux, une nation ne pouvait être que ce qu'elle était pour le citoyen de l'antiquité, une cité avec sa grande banlieue. La Hollande lui représentait à peu près ce que devaient être désormais les dimensions de l'Etat moderne, en une société uniververselle devenue pacifique et industrielle. Qu'était pour Comte la nationalité ? Rien de plus qu'un intermédiaire éphémère (et au fond anormal) entre la Cité et l'Humanité. La Nation, produit des conquêtes antérieures, n'était qu'un mauvais équivalent du Grand Etre et elle devait disparaître après avoir joué son rôle provisoire. La nation avait surgi dans la crise moderne ouverte par la Renaissance et la Réforme, en pleine décomposition de l'unité catholique, réalisée par les papes au Moyen Age comme une image lointaine et imparfaite de l'unité morale de toute l'humanité. Il y avait donc aux yeux de Comte une correspondance secrète entre le moderne nationa-lisme et cette anarchie intellectuelle qu'il dénonçait âprement et à laquelle il croyait le positivisme destiné à porter remède. Mais il lui semblait qu'au plus fort de la crise moderne des événements notables avaient présagé la future décomposition des grands Etats. Déjà les révolutions issues, directement ou indirecte-ment, de la Réforme, avaient amené des sécessions, celle de la Hollande, plus tard celle de l'Amérique du Nord. Ce fait devait se généraliser. Les Etats vraiment initiateurs, la France à leur tête, avaient donc pour mission de se décomposer spontanément. Aussi Comte traçait-il sur la carte de France les dix-sept ré-publiques autonomes qui devaient remplacer l'unité française.

Les deux thèses de Ratzel et de Comte, quoiqu'elles se présentent toutes deux appuyées sur l'induction sociologique, sont, comme on le voit, radicalement inconciliables. Rapprochées méthodiquement, elles donneraient lieu à une sorte d'antinomie de la science politique. Pouvons-nous rejeter l'une et l'autre et réussir à les dépasser ?

La conclusion de Comte n'est acceptable ni au point de vue de l'observation morale ni à celui d'une inter-prétation impartiale de l'histoire. Le patriotisme de la nation moderne ne diffère qu'en degré du patrio-tisme municipal célébré par les orateurs et les poètes classiques, d'Eschyle à Claudien et à Rutilius. Quant à l'histoire moderne, il n'est pas exact qu'elle nous montre le grand Etat partout et toujours menacé de dissolution et de sécession. Depuis 1853, date à la-quelle Comte énonçait sa loi hypothétique, la forma-tion des grands Etats nationaux tels que l'Italie, la résistance victorieuse de l'Union américaine à la sécession des Etats du Sud, celle de la France à la révolution du 18 mars 1871, ont montré assez quelle force de cohésion et d'expansion possède encore le grand Etat.

Cependant l'impérialisme géographique et naturaliste de Ratzel se heurte à la loi des sécessions. Le grand empire a toujours été une création politique instable, d'autant plus qu'il a plus donné satisfaction à l'appétit de l'espace. Plus nous nous rapprochons de l'époque moderne et plus nous voyons la loi des sécessions contrarier la formation et surtout la durée des empires. Cette loi qui épargnait les anciens empires orientaux a frappé tour à tour l'empire macédonien, l'empire romain, l'empire arabe, l'empire carolingien, l'empire mongol, l'empire espagnol, l'empire napoléonien.

On ne peut nier que la dissolution de ces empires n'ait été d'autant plus irrémédiable et accélérée qu'ils se formaient dans un milieu plus civilisé. L'empire de Napoléon, créé et détruit dans un laps de dix ans, est typique à cet égard, si on le compare à l'empire ottoman, à l'empire mongol ou même aux empires de Charles-Quint et de Charlemagne.

Comment donc expliquer que, selon les cas, nous puissions voir le grand Etat, tantôt se décomposer, tantôt s'intégrer en s'agrégeant une multitude de principautés et de républiques? Comparons la *résurrection* de l'Italie au milieu du XIXe siècle à la décomposition de l'Empire ottoman ou même à l'établissement du dualisme autrichien au même temps et nous verrons qu'il n'y a rien là de mystérieux ou d'arbitraire. Le grand Etat ne se forme pas en vertu d'une opération fatale qui astreindrait les Etats les plus forts à dévorer les plus faibles et à s'intégrer leur population et leur territoire. La grande nation n'est pas davantage prédestinée à la décomposition par les exigences de l'humanitarisme. La vérité est plus simple. L'Etat moderne ne peut avoir d'autre ressort que l'énergie du caractère national. Aussi, quand une nation consciente de sa langue, de la continuité de sa culture, de l'unité de ses intérêts se sent partagée entre plusieurs petits Etats impuissants ou asservis à une domination étrangère, il est inévitable qu'elle tende à former un Etat unique sans qu'aucun sacrifice lui paraisse trop grand pour atteindre un tel but. Par contre, quand plusieurs nations dissemblables par la langue, les traditions morales et intellectuelles, les intérêts économiques et les aspirations politiques sont violemment unifiées par un grand empire qui sacrifie chacune d'elles à ses fins, le caractère national tend à s'affirmer, d'abord par la dissolution de l'empire composite, puis par la reconstitution d'Etats plus petits. Toute politique impérialiste rencontre donc une pierre d'achoppement dans le principe de l'autonomie nationale ou, pour mieux dire, dans l'énergie des caractères nationaux qui exprime ce principe dans les faits. Le gouvernement qui, de parti pris, méconnaît cette tendance, exprimée par l'histoire et confirmée par la morale, se condamne à un échec en dépit de tous les sacrifices de sang et d'or, de toutes les privations matérielles et de toutes les épreuves morales qu'il peut imposer à ses sujets.

Richard 2

CHAPITRE II

LES RAPPORTS DU CÉSARISME ÉCONOMIQUE ET DE L'IMPÉRIALISME

L'histoire de l'impérialisme n'est que le tableau de ses échecs dans le passé. Cette conclusion n'est pas de nature à ébranler la confiance d'un théoricien allemand, persuadé que sa race est appelée une fois de plus à régénérer et à reconstituer l'Europe. — Où prenez-vous, dira-t-il, que l'Allemagne travaille à refaire l'empire romain ou l'empire de Charles-Quint ou à contrefaire l'empire de Napoléon ? La politique allemande est à la fois plus éclairée et plus habile. — Elle n'ira pas, M. de Bethmann-Hollweg l'a proclamé solennellement, se heurter à la conscience nationale des petits peuples en violant leur autonomie. Cette politique est celle d'un peuple moderne que la haute culture qu'il représente et l'esprit d'ordre qui l'anime prédestinent à communiquer au monde l'organisation supérieure dont il a le secret et qu'il a déjà réalisée chez lui. Dans sa constitution, l'Allemagne a su concilier l'autonomie des petits Etats et l'unité d'un grand empire. Elle a respecté les institutions républicaines des villes hanséatiques et permis à la Bavière de conserver son armée et sa diplomatie. Comment menacerait-elle l'autonomie des petits peuples au point de ne leur laisser d'autre abri que l'autocratie russe ? L'organisation s'oppose à l'anarchie, non à l'autonomie, et la mission de l'Allemagne contemporaine est, comme l'a montré Ostwald, de mettre fin à l'anarchie internationale qui énerve l'Europe et y rend impossible toute coopération intellectuelle ou industrielle, pour le plus grand profit d'une puissance insulaire. L'Allemagne reprend le plan napoléonien, mais avec les leçons de l'expérience. Elle le reprend dans des conditions historiques entièrement nouvelles et qui doivent en assurer tôt ou tard le succès.

Ce nouveau milieu historique est celui qu'impose à la politique des États européens le développement de la question ouvrière. Négligée par l'égoïsme de classe ou abandonnée aux forces populaires aveugles, la solution de la crise ainsi désignée pouvait être le tombeau de la civilisation moderne. La politique sociale de l'Empire allemand en a décidé autrement. La législation élaborée sous la direction des deux Guillaume est devenue un modèle qu'ont imité plus ou moins gauchement les divers États européens. C'est d'elle que date une phase nouvelle de l'histoire du monde. Elle a conjuré le péril social ; elle a vraiment incorporé le prolétariat à la société régulière. Mais si elle a pu instituer une prévoyance sociale scientifiquement conçue et l'associer à une instruction technique qui fait, elle aussi, l'envie des nations démocratiques, c'est qu'elle a su réagir en tout contre l'individualisme dont l'Angleterre offrait le modèle et mettre, dans tout le monde économique, l'organisation à la place de la dispersion. C'est cette maîtrise dans les questions sociales et économiques qui permet à l'Allemagne de se poser aujourd'hui comme la réorganisatrice de l'Europe.

Nous n'avons pas affaibli l'argumentation de la sociologie allemande. Ce langage, Ostwald l'a tenu presque mot pour mot au cours de la guerre si nos souvenirs sont exacts. En opposition à la Russie, encore mal sortie du régime de la horde, à l'Angleterre et à la France qui n'ont pas su rompre assez tôt avec l'individualisme, l'Allemagne représenterait une organisation à la fois savante et bienfaisante. Ses armes l'imposeraient d'une main un peu rude, mais qui ne sait que tous les bienfaits doivent être achetés ?

C'est donc cet aspect de la politique allemande que nous devons maintenant examiner. L'Allemagne est-elle portée par une loi aussi bienfaisante que fatale à étendre à l'Europe la solution du problème économique qu'elle a trouvée et appliquée chez elle ? N'est-ce pas plutôt le conflit intérieur dont elle souffre (et dont sa législation sociale si vantée n'est que le palliatif) qui a porté son gouvernement à chercher dans la guerre un dérivatif et à demander à la politique de conquête un remède empirique ? Les témoignages d'écrivains allemands indépendants dont les confessions ont été écrites bien avant la guerre nous aideront à faire un peu de lumière sur ce point.

La prétention de l'Allemagne est d'avoir été le premier pays d'Europe à entrer dans la voie de la législation protectrice du travail et d'avoir servi de modèle aux autres. Avant toutes les autres nations l'Allemagne, si nous en croyons certains de ses publicistes, aurait réagi contre le système anglais et français du laissez-faire en instituant la prévoyance sociale obligatoire. Elle aurait été la première à réunir une conférence européenne en vue d'obtenir une législation internationale pour limiter la durée de la journée de travail et fait ainsi pénétrer la question ouvrière au cœur même du droit international. Voilà une légende que ses amis et complaisants ont trop facilement acceptée et propagée, mais elle était tellement contraire aux faits historiques les mieux avérés que les sociologues allemands eux-mêmes ont dû en faire justice. Partout en Europe les progrès de la législation protectrice du travail ont suivi ceux de la grande industrie et c'est l'Angleterre « individualiste » qui, dès 1802, en a pris l'initiative avec le *Moral and health act* instituant la protection des enfants employés dans les manufactures, qui en 1833 a créé une inspection du travail, qui en a renforcé l'autorité par la loi de 1844, qui enfin, en 1878 et en 1883, a systématisé sa législation ouvrière dans les lois sur les fabriques et les ateliers (1). Après l'Angleterre est venue la France, où le gouvernement de 1848 a limité par décret la durée de la journée de travail et où la loi de 1874 a institué la protection du travail des enfants ainsi qu'une inspection à l'imitation de la loi anglaise. La Belgique, les Pays-Bas, l'Autriche elle-même suivaient ce double exemple alors que l'Allemagne ne faisait rien encore. Même au cours

______

(1) JASTROW, *Sozialpolitik und Verwaltungswissenschaft*, Band I., I^{tes} Buch., § I, s. 3, 4 (Berlin, Reimer, 1902).

des années qui suivirent 1870, toute tentative en vue
de faire intervenir la puissance publique dans la protection du travail y rencontrait la résistance expresse
du prince de Bismarck et des deux grands partis qui
se partageaient l'influence, les conservateurs et les
nationaux-libéraux. C'est même cette indifférence
aux questions ouvrières qui favorisait l'expansion rapide des idées socialistes, après la fusion des écoles
de Lassalle et de Marx au congrès d'Eisenach.

La véritable origine de la législation sociale en
Allemagne doit être cherchée dans l'échec des mesures répressives dirigées contre le socialisme. En
1878 Bismarck faisait voter le *Sozialisteugesetz*, ensemble de mesures d'exception, qui rendaient impossible la libre discussion du contrat de travail et
interdisaient tout avenir à ces groupements professionnels et coopératifs si féconds en résultats en Angleterre, en Belgique, en Danemark, en Norvège, en
Finlande, plus tard en France et en Italie. Mais
comme l'influence électorale du parti socialiste ne
faisait que croître, l'empereur Guillaume Ier, dans un
rescrit adressé au parlement en 1881, prit l'initiative
de mesures tutélaires en faveur des ouvriers rendus
incapables de travail par la maladie, les infirmités ou
des accidents. L'idée directrice de cette première intervention impériale était qu'à côté de la
répression des excès de la démocratie socialiste, on
doit tenter la guérison des maux sociaux en favori-
sant, par des mesures d'ordre positif, le bien-être de
la classe laborieuse. Le programme qui en découle
consistait dans l'institution d'une caisse de prévoyance contre la maladie et les risques généraux
d'invalidité. Les frais qui en résultaient devaient

être supportés en partie par l'Etat. En défendant ces mesures devant le parlement, Bismarck s'en promettait le ralliement rapide et complet des masses ouvrières au gouvernement impérial.

Cependant l'événement ne devait pas répondre d'emblée aux espérances du gouvernement. A peine la nouvelle loi était-elle entrée en application que l'agitation ouvrière redoubla et prit une forme jusqu'alors inconnue en Allemagne, la grève générale d'une profession tout entière. Au mois de mai 1889 éclatèrent les grèves des mineurs de Westphalie, revendiquant la réduction de la journée de travail à huit heures. En moins d'un mois, la grève se propagea de la vallée de la Ruhr à toutes les vallées du Rhin et de la Moselle, puis aux mines de Saxe, enfin à celles de la Silésie où les désordres furent très violents. Près de cent mille mineurs cessèrent le travail à la fois alors que dans les années antérieures une grève de dix mille ouvriers passait pour exceptionnelle (1).

Ce qui frappa le plus le gouvernement allemand fut de constater l'étendue et la profondeur de la divergence entre sa conception de la question ouvrière et celle que s'en faisaient les ouvriers eux-mêmes. L'Etat pensait avoir rempli tout son devoir en assurant un minimum d'existence aux ouvriers devenus accidentellement incapables de trouver du travail et de gagner un salaire et il se voyait en présence de revendications d'un tout autre ordre. Des ouvriers gagnant un salaire régulier se montraient mécontents et réclamaient son intervention sous peine

(1) JASTROW, *Ibid.*, § V, VIII.

de faire leurs affaires eux-mêmes. L'Etat avait à choisir entre le renoncement aux mesures de répression qui exprimaient l'esprit même de sa politique et l'extension de sa législation ouvrière. L'empereur Guillaume II crut devoir marcher sur les traces de son aïeul, mais il apporta dans cette nouvelle entreprise le goût des manifestations théâtrales dont il a donné tant de preuves depuis. Il eut l'habileté de reconnaître un caractère international à la question de la journée de travail en convoquant à Berlin en février 1890 les représentants des Etats industriels. L'avantage était double. L'empereur allemand semblait prendre à son compte certaines des idées de Karl Marx et de Lassalle et tentait de rallier le prolétariat européen à sa cause. En même temps, il évitait à l'Allemagne le risque de prendre seule une initiative qui pouvait affaiblir sa puissance industrielle.

Cette conférence de 1890 est une date dans l'histoire de l'impérialisme allemand. L'aspect humanitaire et organisateur qu'il y présenta devait pendant vingt ans faire illusion et servir ses projets d'expansion conquérante. La France s'était fait représenter à Berlin par des hommes politiques d'une grande importance, Jules Simon et Burdeau, et l'impression favorable qu'ils en rapportèrent contribua certainement à adoucir l'amertume des souvenirs de 1870. Quant à l'Etat allemand lui-même, il assume à dater de ce moment une double tâche ; l'une est la constitution de la prévoyance sociale sous ses diverses formes, l'autre est un essai d'organisation du marché du travail.

En étendant ainsi ses attributions, se démocratisaitil ? Ne restait-il pas fidèle à la mission historique de l'État prussien et à l'esprit qui avait dicté la loi contre les socialistes ? Sa politique sociale était-elle contraire ou conforme à sa politique ethnographique ? Autant de points obscurs sur lesquels nous voulons tenter de projeter un peu de lumière.

La législation de la prévoyance sociale est, on le sait, un des nombreux sujets d'orgueil de l'Allemagne. Elle estime que l'étranger n'a rien à lui opposer, sinon d'imparfaites imitations. Le gouvernement allemand a su faire partager cette conviction non seulement à ses ouvriers, mais à des économistes français notoires. On nous a fait parfois le tableau presque enchanteur des sanatoriums et des asiles bâtis aux frais des caisses d'invalidité. On nous a montré ces établissements installés dans des châteaux et des parcs rachetés aux grands seigneurs terriens et aux capitalistes. On a encore évoqué devant nous les maisons ouvrières qui ont transformé les quartiers populaires à Hambourg et dans d'autres grandes villes : vastes immeubles clairs, ornés à la moderne, où les fleurs sortent des fenêtres, logements spacieux tout baignés d'air où se raffermit la santé, où se consolide la vie de famille. On ajoute que tout l'argent employé à ces constructions est fourni par les caisses d'invalidité. On nous donne des statistiques bien faites pour confirmer les impressions des visiteurs. En dix ans (1898-1907) les caisses d'invalidité ont soigné 171.166 personnes dans les sanatoriums, 98.114 dans les hôpitaux, 61.659 dans les stations balnéaires et ont pu dépenser pour ces fins plus de vingt millions. On dénombre les familles ainsi préservées de la perte de leur chef ou de son incapacité définitive et on évalue à plus de six cent millions les salaires qu'a pu leur conserver un traitement préventif donné à temps. On va plus loin. On évalue encore l'influence éducative de ces institutions de prévoyance et l'on nous montre l'ouvrier associé peu à peu par elles au maniement des grandes affaires et libéré ainsi de ses préjugés révolutionnaires. D'après M. Edouard Fuster « l'idée que les ouvriers se font de l'assurance se transforme rapidement. L'indemnité, la rente, la réparation pécuniaire n'est plus pour eux qu'un pis-aller. Ils voient dans l'assurance un moyen d'assainissement, mais ils y voient aussi un cadre pour l'organisation ouvrière. Les ouvriers ont la majorité dans les comités des caisses régionales d'invalidité. Ils sont assesseurs des tribunaux arbitraux. Ils sont consultés par les autorités locales ; les corporations patronales doivent les entendre lorsqu'elles s'occupent de la prévention des accidents du travail. Rarement les délégués ouvriers abandonnent leur travail et moins encore leur vie syndicale. Ils restent ouvriers, mais apprennent les affaires » (1).

En regard de ce tableau séduisant de l'organisation allemande, on place volontiers la timidité de l'organisation française, avec sa loi de 1898 sur les accidents, avec sa caisse des retraites de 1910, institutions de prévoyance sociale dont l'une laisse à l'assurance privée le versement des indemnités pendant que l'autre exige un versement de l'ouvrier et associe les sociétés de secours mutuels à la prévoyance sociale. A

____

(1) Edouard FUSTER, *La conception française et la conception allemande de la prévoyance sociale* dans les *Travaux du Congrès social de Besançon*, p. 149 (Fischbacher, 1910).

vrai dire, tous les Français ne se sentent pas également humiliés par la comparaison. Beaucoup demanderont aux étatistes, admirateurs de Bismarck et de Guillaume Ier, si l'Allemagne pourrait montrer rien qui équivale à nos milliers de sociétés de secours mutuels et surtout à l'initiative de notre mutualité indépendante, qui, avec les seules cotisations de ses membres, a su parer à la plupart des risques et des misères. Ils demanderont si la véritable prévoyance sociale n'est pas celle qui porte au maximum l'effort de l'association libre en réduisant au minimum le rôle de l'Etat et si, comme éducatrice de la solidarité, l'association autonome n'est pas très supérieure à l'organisation administrative même la mieux dirigée.

Cependant nous ne voulons pas déprécier systématiquement l'œuvre de la législation sociale de l'Allemagne en matière de prévoyance. Il est certain que les tentatives de Bismarck et de Guillaume Ier ont été en partie couronnées de succès. Ils ont réussi à solidariser le prolétariat allemand et l'Empire et nous ne voyons que trop aujourd'hui la portée de leur œuvre. Bismarck avait prévu dans ses discours au Reichstag que les sentiments républicains des ouvriers socialistes changeraient totalement le jour où il leur serait prouvé que le sort de leur vieillesse peut dépendre du crédit de l'Empire. Cette transformation de tous les ouvriers allemands en pensionnés de l'Etat était évidemment un tour de force, mais c'était aussi un acte politique prodigieusement habile, un acte qui devait changer le vieux despotisme paternel et féodal des Hohenzollern en un *césarisme économique* renouvelé de l'Empire romain. De même qu'en luttant pour les Césars, les soldats romains luttaient pour les lots de terre que les Césars leur avaient fait attribuer, de même les ouvriers allemands enrôlés sous l'aigle à tête noire, luttent aujourd'hui pour la défense du crédit de l'Empire auquel sont suspendues toutes ces institutions de prévoyance dont dépend leur bien-être.

D'ailleurs la législation sociale, telle que l'Allemagne l'a de plus en plus comprise, n'a pas seulement pour objet l'organisation de la prévoyance, ou pour mieux dire de l'assurance sociale, mais encore celle du *marché du travail*. Ici l'effort tend à remédier à deux maladies à l'état endémique dans le monde moderne de la production, la surabondance de la main-d'œuvre dans un grand nombre d'industries et sa rareté dans d'autres branches, telles que l'agriculture. Les économistes allemands s'attachaient à démontrer que le marché du travail ne peut rester à l'état incohérent alors que le marché des produits et des capitaux possède l'organisation la plus forte et la plus savante. Mais la sociologie allemande considère avec pitié la disposition répandue en France, en Angleterre et aux Etats-Unis à confier le placement des ouvriers aux municipalités et aux associations corporatives le soin de fonder des bourses de travail. Elle ne voit là qu'incohérence et anarchie et fait appel à l'Etat ou, pour mieux dire, à l'ensemble des services publics (1).

Toutefois, la responsabilité de l'administration ne peut manquer de s'élargir et de s'alourdir à mesure que le domaine de la législation sociale s'étend et se complique. L'Etat qui s'attribue la tutelle écono-

(1) JASTROW, *Ibid.*, II[ter] Buch, Arbeitsmarkt und Arbeits-nachweis.

mique de l'individu doit aussi s'arroger sur lui une tutelle morale. Par exemple, il ne diminuera pas la durée de la journée de travail dans les usines sans chercher à savoir quel usage l'ouvrier fera de ses nouveaux loisirs. Comme il craint, non sans motif, une plus grande assiduité au cabaret, il se préoccupe, pour parer à ce risque, soit d'élever le niveau de la culture populaire soit d'améliorer les conditions de l'habitation familiale en rendant le foyer de famille plus supportable ou même plus attrayant.

Il est amené non seulement à exercer sur l'individu une tutelle de plus en plus étroite, mais encore à retoucher d'un main toujours plus hardie les institutions traditionnelles, à menacer même les intérêts particuliers et les privilèges qu'à l'origine il s'était flatté de défendre contre la poussée démocratique (1).

C'est ici que l'attendaient des difficultés insolubles, naissant d'une contradiction que l'Allemagne porte en elle-même, en raison de sa double évolution, économique et politique. A l'exception de quelques professeurs d'histoire attardés et de quelques vieux publicistes encore obsédés par des souvenirs de jeunesse datant de 1866, chacun sait que l'antithèse du Nord et du Midi a pris fin en Allemagne (2). Un autre antagonisme, beaucoup plus grave, l'a remplacée. La base de la puissance politique et militaire de l'Allemagne réside dans la vieille monarchie prussienne, dans les provinces situées à l'Est de l'Elbe, tandis que

(1) Jastrow, *Ibid*, Ier Buch, § 11, etc.
(2) Même au point de vue religieux, car la forteresse du parti catholique est plutôt dans l'Allemagne du Nord que dans les Etats du Sud, assez anticléricaux.

les bases de sa prospérité économique résident dans
l'activité des régions occidentales et centrales, soit
dans la vallées du Rhin, de la Moselle et du Mayn,
soit dans la vallée supérieure de l'Elbe. Mais entre
ces deux régions, l'équilibre est rompu par les conséquences mêmes de l'évolution.

C'est dans l'Allemagne occidentale qu'ont poussé
les villes-champignons, les cités industrielles et les
ports fluviaux, Duisburg, Dusseldorf, Essen, Elber-
feld, Barmen, Dortmund, Solingen, Mannheim,
Ludwigshafen et tant d'autres. En offrant des salaires
élevés, ces villes appellent sans cesse à elles les ouvriers
ruraux. L'émigration des paysans allemands de l'Est
vers l'Ouest est un phénomène dont les statisticiens
allemands démontrent l'aggravation constante : les
campagnes allemandes se dépeuplent, plus peut-être
que les campagnes françaises. Cette affirmation peut
sembler paradoxale en présence de l'accroissement si
rapide de la population totale de l'Empire, mais elle
se justifie non seulement par les plaintes des publicistes mais par les données des statistiques. C'est
ainsi qu'en quelques années, depuis le début du
xxᵉ siècle, dans la seule province de Prusse orientale, la population rurale allemande avait décru de
116.000 unités.

Si rien ne la modère, cette évolution économique
fait courir les plus grands risques à la stabilité politique de la Prusse. L'exode des paysans allemands de
l'Est a deux grandes conséquences. D'abord il appau-
vrit la classe nobiliaire, qui est comme la charpente
osseuse de la monarchie prussienne. L'ouvrier rural
de race allemande peut exiger des salaires de plus en
plus élevés et l'on voit décroître les revenus fonciers

du domaine rural dont vit le junker, gentilhomme campagnard qui reproduit très-souvent le type que, dans un roman bien connu, Freytag a immortalisé sous les traits du baron de Rothsattel. D'ordinaire il est endetté, et le service militaire est pour lui une occasion de dépense plutôt que le gain. Si le propriétaire féodal, le *Rittergutbesitzer* cherche un remède à cette situation, le seul qui s'offre à lui est de faire appel à une main-d'œuvre d'origine étrangère. Mais ces ouvriers étrangers qu'il importe sur son domaine pour le préserver de la ruine, ce sont le plus souvent des Slaves, des Polonais, des Lithuaniens, parfois des Russes. Ils ont sur l'ouvrier allemand l'avantage tout relatif de se contenter d'un salaire moindre, mais ils appartiennent à la race que, depuis des siècles, la conquête et la colonisation allemande se flattaient d'avoir dépossédée. Le déplacement de la population laborieuse risque de s'accompagner d'un déplacement des races. Sans doute, le propriétaire du sol, le supérieur social reste allemand comme le fonctionnaire, mais il se voit entouré d'un cercle d'inférieurs étrangers à sa langue et à ses traditions et portés à tourner leurs regards vers la puissance étrangère formidable qui réside au delà de la Vistule et du Niemen.

Que devait-il arriver lorsque le junker voyait l'Etat, cet Etat que ses pères avaient découpé avec leurs épées et dont lui-même était réputé l'appui et le gardien, tenter d'organiser le marché du travail en tenant la balance égale entre l'agriculture et l'industrie au risque de lui enlever, à lui, ses ouvriers ? Ne devait-il pas apporter dans l'œuvre sociale ses vues propres et tenter d'appliquer à son profit la nouvelle législation ?

Il nous est difficile, à nous Français, de parler avec impartialité des junker. Trop souvent nous avons rencontré ces personnages non seulement sur les champs de bataille où ils combattaient sous l'aigle noir et le casque à pointe, mais encore dans les villes envahies où ils présidaient à l'incendie, au pillage ou au massacre. Mais nous pouvons demander aux Allemands eux-mêmes leurs appréciations. Celles des romanciers sont équivoques ou contradictoires. Freytag, qui nous fait le tableau de la crise du domaine rural, nous a peint les Rothsattel, père et fils, sous des traits rappelant certains personnages de Molière et de Balzac, une combinaison de M. de Sottenville et de Maxime de Trailles. Theodor Fontane, qui écrit d'une plume plus fine, a évoqué la vie des châteaux de la Vieille Marche, et quelque peu idéalisé leurs habitants (1). Par contre, l'un des meilleurs moralistes de l'école néo-kantienne, Staudinger, a porté sur cette classe sociale un jugement des plus sévères. Le junker est à ses yeux l'héritier, non pas seulement de l'étroitesse féodale, mais de la vieille barbarie germanique : « Le junker, écrit-il, peut être un homme cultivé. Avec ceux qu'il reconnaît comme ses égaux, il peut se montrer très aimable et très humain ; il peut avoir la noble conscience de servir des fins idéales, d'être prêt à sacrifier sa vie au prince et à la patrie. Bref, pris individuellement, il peut vouloir être le plus honnête homme du monde. Mais dès qu'il s'agit de ses intérêts

(1) Sur la valeur des romans sociaux de Theodor Fontane, voir DRESCH, *Le roman social en Allemagne* (1890-1900), § IV, chap. III, IV, V (Alcan, 1913).

de domination, il obéit à ses instincts de maître avec une absence de scrupule et une naïveté qui ne permet plus de reconnaître une trace quelconque de culture mais laisse entrevoir un barbare » (1).

On voit comment ce barbare devait comprendre et juger l'effort de l'Etat allemand pour tenir la balance égale entre la demande et l'offre de travail, entre l'entrepreneur et l'ouvrier, pour mettre les administrations publiques, même celle où sa classe était habituée à dominer (les Affaires Etrangères et la Guerre) au service d'une sorte d'agence générale des renseignements, destinée à faire connaître aux ouvriers les places disponibles, surtout au moment où ils quittent le service militaire. Une telle tentative lui a fait l'effet d'une trahison de sa classe par l'Etat. L'idée de mettre l'armée éventuellement au service du recrutement des industries urbaines de l'ouest lui est apparue comme un crime ou un sacrilège. Ainsi s'expliquent deux faits politiques susceptibles de mettre en lumière la **vraie** nature du socialisme d'Etat en Allemagne et, peut-être aussi, les origines profondes de la guerre.

De ces faits, le premier est la constitution au Reichstag et au Landtag d'un parti agrarien qui a fini par se confondre avec le parti conservateur lui-même. L'essor des agrariens date de la retraite de Bismarck et de la colère suscitée dans les rangs des Junker par la politique de son successeur, le comte de Caprivi (2). Or la retraite de Bismarck a eu lieu au lendemain même de la Conférence internationale

<hr>

(1) STAUDINGER, *Ethik und Politik.*, IIe partie, ch. 1, p.95. Berlin, Dummler, 1899.
(2) STAUDINGER, *Ethik und Politik*, p. 95.

de 1890 dont l'objet était de légiférer sur la durée de la journée de travail. Bismarck s'était montré partisan des assurances sociales pour les raisons exposées plus haut, mais ses origines et ses alliances faisaient de lui un Junker. Il ne se souciait guère d'étendre le domaine de la législation sociale et ses vues sur ce point concordaient peu avec celles du nouvel empereur. En le voyant quitter le pouvoir, la classe qu'il avait incarnée sentit que ses intérêts allaient cesser d'être identiques aux fins de l'Etat et qu'il lui fallait accepter l'idée d'entrer dans l'opposition. Depuis vingt-cinq ans, cette opposition a été parfois des plus vives et l'on sait qu'en diverses occasions Guillaume II s'en est plaint amèrement. Déjà en 1894, à Kœnigsberg, il saisissait l'occasion d'un banquet solennel que lui offrait la noblesse de la province pour dénoncer sans ménagement cette nouvelle attitude. « J'ai dû remarquer, le cœur profondément affligé, que dans les cercles de la noblesse qui me touchent de plus près, mes meilleures intentions sont méconnues, parfois même combattues. On m'a même fait entendre le mot d'opposition!.. Messieurs, une opposition des gentilshommes prussiens à leur roi est une monstruosité (ein Unding) » (1).

Monstrueuse peut-être, en ce sens qu'elle attestait une dissolution intérieure de l'Etat prussien par les conflits d'intérêts, l'opposition nobiliaire n'a pas été inefficace. Les publicistes indépendants ont souvent dénoncé la mainmise des grands propriétaires

____

(1) Cité par LANGERMANN, *Steins politisch-pædagogisches Testament*, p. 300 (Berlin, Zimmer—hans, 1916).

fonciers sur les services publics institués dans l'intérêt de la classe ouvrière.

Un autre fait, qui a marché de pair avec la constitution et le progrès du parti agrarien, a été un redoublement d'oppression dans les provinces polonaises de la Silésie aux lacs de Mazurie. Les propriétaires de la classe noble sont, dans l'Allemagne orientale, les champions les plus avérés du germanisme. L'émigration des paysans allemands vers l'ouest avait pour contre-partie celle des ouvriers slaves en Prusse. Le germanisme n'y a vu d'autre remède que l'expropriation en masse du rameau slave qui était encore sous sa dépendance. *L'Ostmarkenverein*, fondé en 1894 par Hansemann, Kennemann et Tiedemann a entrepris de traiter les provinces orientales comme un domaine colonial, fait pour être arraché à une race inférieure (D'où le nom de Ha-Ka-Tisme donné à cette politique). Cette ligue, où l'esprit pangermanique a révélé tout l'immoralisme, tout le mépris du droit humain dont il était capable, a obtenu de la complicité des pouvoirs publics une loi telle qu'aucun peuple moderne n'en a jamais conçue, la loi du 30 juin 1904. Elle interdit à tout Polonais de construire, en dehors des villes, une habitation sur une terre acquise par lui sans une autorisation officielle qui lui est toujours refusée. L'application de cette loi donna lieu aux plus incroyables vexations.

Etudié sous ses divers aspects et replacé dans l'histoire du germanisme, l'étatisme allemand perd donc ce caractère démocratique et socialiste qui hors de ses frontières avait pu le rendre sympathique à beaucoup de naïfs et le faire prendre pour un modèle par les partis qui traitent systématiquement la liberté économique en ennemie. Quand bien même on se bornerait à en considérer l'aspect le plus séduisant, l'organisation des assurances sociales et de services intermédiaires entre la demande et l'offre de travail, l'étatisme allemand ne serait que la forme la plus fruste du socialisme autoritaire qui, dans l'espoir de remédier aux conflits d'intérêts, réglemente minutieusement l'activité privée et la transforme en service public. Ainsi entendue, l'intervention de l'Etat est menaçante, non pas seulement parce qu'elle limite arbitrairement la liberté, mais parce qu'elle ôte peu à peu aux particuliers toute confiance dans leur propre énergie et qu'elle rend l'autorité toujours plus nécessaire à ceux qui la subissent. En ce cas l'Etat ne remplit pas le vrai rôle qui lui revient dans l'ordre économique, celui d'éducateur. Si, dans le domaine de l'assurance et de l'organisation du marché du travail, il combinait son effort avec ceux des associations libres, en leur apprenant à se discipliner et à se concerter, l'Etat agirait comme un véritable éducateur et préparerait le moment où son intervention deviendrait inutile. Tout au contraire le césarisme économique que l'Allemagne oppose au socialisme coopératif et mutuelliste agit comme un maître qui rendrait ses leçons toujours plus indispensables ou comme un tuteur qui rendrait ses pupilles incapables de lui demander jamais ses comptes.

Ce rôle de maître jaloux et incapable ou de tuteur infidèle de la classe laborieuse n'est au fond qu'un masque dont l'Etat allemand se couvre pour dissimuler la persistance d'une mission historique radicalement opposée à l'émancipation du travail. L'Etat impérial allemand a été façonné par la Prusse. Or, qu'est-ce au fond que la monarchie prussienne? Une survivance du Moyen Age.

C'est par abstraction seulement qu'on peut l'isoler du *Junkertum*, d'un domaine rural conquis jadis sur les Slaves et les Lithuaniens et inféodé à un ordre équestre dont la dynastie n'est que le faîte. On ne peut concevoir aujourd'hui l'Etat allemand, tel qu'il fonctionne, sans la monarchie prussienne, ni celle-ci sans son armée, ni son armée sans un corps d'officiers qui se recrute par cooptation dans la noblesse. Or, la base de la noblesse allemande est le domaine rural héréditaire, non affermé comme en Angleterre, mais exploité par le seigneur, servi lui-même par des paysans tenus dans une condition à demi servile, sans espoir de devenir jamais propriétaires. La conservation du domaine traditionnel est incompatible avec l'émancipation du travail agricole et avec ce minimum d'égalité sociale qu'acceptent en France tous les esprits vraiment éclairés et qui consisterait à égaliser les conditions de la discussion du contrat de travail. Cependant l'Etat allemand ne pourrait abandonner à son sort le domaine rural et la classe qui en vit sans briser son épée en sacrifiant son corps d'officiers. N'est-ce pas dans l'ambiguité de cette situation qu'il faut chercher l'origine de la politique impérialiste dont la guerre avec la majeure partie du monde civilisé a été la conséquence inévitable?

La guerre ne s'est pas présentée à la conscience de l'Allemagne comme l'accomplissement inévitable d'une sorte de mission historique qui la prédestinait à résoudre pour l'Europe la crise sociale en lui imposant l'organisation de la production et de l'échange qu'elle avait trouvée pour elle-même. Mais elle fut sans doute pour le *Junkertum* l'unique moyen de salut qui lui permît d'éviter le sort des autres aristocraties européennes, peu à peu dépossédées de la propriété foncière par l'évolution économique, incorporées malgré elles à la bourgeoisie capitaliste et obligées comme celle-ci à transiger avec la classe ouvrière.

Entre 1900 et 1914, le vieil Etat prussien, qui avait résisté à l'épreuve de Jena, aux réformes de Stein, à la révolution de 1848 et réussi plus tard à opérer l'unité allemande par le fer et le sang, se voit exposé au risque d'être peu à peu absorbé et transformé par la pression lente, insconsciente, mais irrésistible de l'Allemagne occidentale où se concentrent de plus en plus les deux grandes forces politiques modernes, la population ou le nombre et la richesse. Mais si, pendant qu'il en est temps encore, l'Etat prussien réagit contre les forces nouvelles, s'il fait de l'Allemagne la maîtresse de l'Europe et de l'Orient, sa fonction militaire reprendra toute son importance passée, au profit de la classe qui en est l'organe. Cette importance sera telle pour l'économie de l'Allemagne que la fonction traditionnelle et ses organes s'imposeront, avec toutes leurs conséquences, au respect de l'Allemagne nouvelle.

Ce n'était pas la première fois que la guerre se présentait à un Etat, ou même à une Société, comme la solution empirique d'une crise intérieure. En 1870, la guerre avait été le dernier recours du césarisme français qui se voyait peu à peu absorbé et transformé par la démocratie libérale. Or, quoique le césarisme français fût loin du savant machiavélisme du césarisme allemand, il avait été accepté après 1848 comme l'issue provisoire d'une crise sociale à laquelle on ne savait ni ne voulait appliquer les vrais remèdes. Chez les peuples modernes, toute guerre extérieure offensive est au fond une guerre civile transportée chez l'étranger. La politique guerrière y est toujours le symptôme d'un état morbide beaucoup plus profond dont une observation attentive peut découvrir la nature.

Cet état morbide n'échappait pas au regard des penseurs allemands indépendants et impartiaux. Dès 1889 Staudinger, un des rares philosophes qui conservent la tradition morale de Kant et s'efforcent de la faire pénétrer dans l'étude des faits sociaux, dénonçait la persistance de l'esprit du parasitisme social à la base de toute l'organisation prussienne et dans toute l'inspiration de la politique impériale qui a prévalu depuis 1870. Dans quelques pages d'un livre trop peu connu en France, *Ethique et politique*, il dénonçait dès 1898 l'influence néfaste de la classe des grands propriétaires et la montrait solidaire d'un *jésuitisme national* qui peu à peu dégradait la conscience publique et la ramenait à la vieille morale de l'inimitié et de la violence.

« La tendance de la grande propriété foncière, aujourd'hui comme dans le passé, est tout naturellement de lier le paysan et surtout l'ouvrier rural à la glèbe, de le mettre dans l'impossibilité de s'émanciper en fait de l'autorité seigneuriale. Rien ne montre mieux l'action que les propriétaires fonciers peuvent encore exercer chez nous que la persistance des prérogatives de classe, des attributions administratives de la propriété, que l'accroissement régulier des fidéicommis, plus encore des droits de douane et des lois sur les spiritueux, si favorables aux détenteurs de la rente foncière, mais si nuisibles à l'économie rurale, que la conservation en Prusse d'une classe domestique héritée du Moyen-Age, pour laquelle le rapport de subordination prévaut toujours sur le rapport contractuel, enfin que les tendances à limiter la liberté de circulation, à s'exempter des charges scolaires, à faire échec à l'influence légitime de l'école sur l'éducation, tendances malaisées à réprimer. »

« Ainsi se démontre en parole et en fait que la classe des grands propriétaires fonciers est l'ennemie jurée de tous les droits populaires. Celui qui a grandi dans de telles idées d'autorité est naturellement incapable de comprendre que quelqu'un puisse exiger que le dernier des domestiques devienne son égal en droit. Il tient cela pour un attentat criminel à l'ordre voulu par Dieu. Aussi voit-on les propriétaires fonciers également prêts à dénoncer toute critique de leurs droits comme une tentative subversive et à la combattre par des mesures de violence. Avant tout notre constitution impériale ainsi que le droit de suffrage qu'elle consacre est pour eux comme une épine dans l'œil. Ils seraient prêts à un coup d'état contre elle comme le montrent d'illustres exemples ».

« *Bref, de même que le fondement de l'existence matérielle des grands propriétaires se révèle comme un reste d'un ancien régime de brigandage et de violence, de même les racines de leurs pensées, de leurs sentiments, de leurs volontés plongent encore dans les mêmes conditions. Le souffle de la pensée morale moderne n'a pas encore touché la grande masse d'entre eux. En raison de leur nature, ils sont les adversaires décidés de toute évolution, non seulement libérale, mais constitutionnelle et font directement obstacle à tout progrès moral. Si chez nous une évolution violente, brutale n'est pas encore tout à fait en dehors du domaine du possible, nous le devons en première ligne à l'influence fatale de ce groupe d'hommes, petit, mais puissant qui, partout où il le peut, tend à fermer toute issue au progrès constitutionnel* (1). »

En un pays où l'opinion publique aurait été saine, où le peuple, dans son ensemble aurait recherché plutôt la réalisation de ses droits que la satisfaction d'un appétit de puissance, le parasitisme social et politique des Junker aurait pu être contenu. Staudinger montre que telle n'était pas l'Allemagne après 1870. L'injustice était à l'origine même de l'Empire. Par une contagion fatale, elle devait corrompre les sources de la moralité publique.

« La politique opportuniste qu'enivre le succès tend à rejeter tout étalon moral et à tenir pour juste et même pour glorieux ce qu'a fondé le succès, opérant dans le mécanisme des causes. Le moraliste sérieux se refuse ce droit : il voit dans un tel jugement la confusion de deux points de vue différents. Lui aussi cherche à comprendre par les causes (notamment par la causalité psychologique) ce qui arrive et est arrivé. Toutefois comprendre peut signifier pardonner mais non approuver ce qui est injuste. »

« Or l'injustice abonde dans l'histoire de la fondation de l'Empire. Elle contient toute une série de faits que le politique du succès tient pour moraux et même pour glorieux, parce qu'il en aperçoit la nécessité historique. Pour nous une telle façon de juger est une confusion de deux points de vue différents

---

(1) Staudinger, *Ethik und Politik*, II^{ter} Teil, § 1, a, S. 95.

soit par ignorance soit par mauvaise volonté. Sans doute l'histoire de notre effort national nous présente de grandes qualités morales, une abnégation enthousiaste et un esprit de sacrifice héroïque, mais c'est justement pour cette raison que nous trouvons inconvenant de glorifier aussi absolument que le font nos chauvins une guerre qui, abstraction faite de tout le reste, était une guerre de conquête et qui a aidé à ressusciter les instincts sauvages de la morale de la violence (Gewaltethik). »

« Or la guerre et le culte aveugle de l'héroïsme qu'elle produit ont exercé sur la morale civique de notre bourgeoisie les influences les plus néfastes. L'Empire allemand avait été un de ces idéaux, déterminés quant à leur contenu, idéaux dans lesquels la pensée inconsciente de l'unité tend à se confondre avec le but défini. La seule valeur qu'il fût permis de lui attribuer était la valeur d'un moyen pour un but qui devait être un degré plus élevé d'unité morale. L'unique raison de le saluer, c'est qu'il pouvait être un moyen bien préférable à l'ancien état de choses. La tâche à réaliser était désormais d'en concevoir ainsi la nature et l'application. »

« Mais dans le vertige de sa joie le peuple ne le comprit pas ainsi. On accepta pour la plus haute norme du bien et du mal les vagues « intérêts de la patrie » tels que les embrassait un patriotisme exalté sans qu'aucune connaissance claire les définît. Le jésuitisme national fit son entrée, drapeaux déployés. Ce même chauvinisme pour lequel, nous Allemands, nous ne croyions pouvoir avoir trop de mépris quand nous le rencontrions chez les Français, fut baptisé du nom sublime d'amour de la patrie et empoisonna notre sentiment du droit dans des proportions effrayantes. »

« Les idées de droit et de constitution qui, au début de l'année 1870, paraissaient gagner un peu de terrain furent désormais jetées complaisamment par dessus bord avec mépris et quiconque osa porter dans l'appréciation de la politique quelque chose comme la morale se vit honni. Les jugements ironiques sur Gervinus et quelques autres prouvèrent que la politique réaliste, comme on la nommait par euphémisme, avait la victoire, cette politique qui va du cas particulier au cas particulier et ne connaît pas d'autre bien durable que la puissance et l'intérêt. « La politique réaliste a toujours raison dans le moment présent, mais les siècles obéissent aux idées. » C'est en ces termes que s'exprimait bientôt après Frédéric-Albert Lange, mais en vain. A vrai dire, beaucoup d'Allemands partageaient ce sentiment, mais quiconque l'énonçait devait l'expier amèrement et c'est ainsi que la critique sérieuse devint muette dans des cercles entiers du peuple. »

« Une lettre de notre second chancelier de l'Empire prouve qu'un tel sentiment n'était pas particulier au radicalisme démocratique et socialiste si honni mais qu'il inspirait des hommes d'opinion hautement conservatrice ayant encore conservé une conscience morale. En février 1895, le général de Caprivi écrivait de Montreux à la *Gazette de Francfort* : « Malgré toute la reconnaissance que méritent et la personne de Bismarck et notre âge héroïque, je crois avoir reconnu même avant de devenir chancelier quels graves défauts montrait le revers de cette brillante médaille. Pour faire du bien à la nation, il me semble que le but à se proposer immédiatement, sauf à ne l'atteindre qu'avec les années, c'était, sans exposer à aucune atteinte les biens nationaux récemment acquis, de la ramener à une existence quotidienne dans laquelle elle pût retrouver ses anciennes vertus. Bismarck avait conduit la politique intérieure avec les méthodes de la politique extérieure et la nation courait le risque de voir s'abaisser son niveau moral. »

« Il y a là un jugement aussi mesuré que clair et équitable. A certains égards il reste même bien en deçà de la stricte justice. L'abaissement du niveau moral n'était pas un risque ; c'était un fait réel. Les sauvages attaques que la politique des intérêts a dirigées contre le brave homme ne l'ont que trop prouvé. »

« Derrière ce jésuitisme national guettaient des hôtes pires encore qui s'entendirent fort bien à l'utiliser. L'aveugle obéissance que tout jésuitisme accorde à sa fin suprême s'était transformée en Allemagne en une aveugle obéissance aux fondateurs de l'Empire. Ce qui jusque-là avait été condamné fut célébré toutes les fois que l'un des héros nationaux, Bismarck notamment, l'approuvait. Voilà pourquoi cette obéissance put être mise au service des intérêts les plus diamétralement opposés au bien de la nation. « Enrichissez-vous ! » ce mot de Guizot devint l'idéal effectif de larges cercles dirigeants. La danse autour du veau d'or commença avec tout le cynisme dont ses serviteurs sont capables et le patriotisme fut le rideau derrière lequel on cacha ces orgies » (1).

(1) STAUDINGER, *Ethik und Politik*, III^{ter} Teil, § 11, a S. 90-92.

Mais s'il a été si facile aux Junker et aux hommes d'affaire à leur service d'égarer la moralité publique du peuple allemand, la cause en est sans doute que jamais le peuple n'a pu atteindre l'âge de la majorité civique. Au sens pleinement social du mot, ce n'est pas un peuple moderne, apte à gérer lui-même ses affaires. Tel est du moins le jugement sévère que n'hésitait pas à porter sur lui, dans une œuvre publiée au cours de l'année 1914, l'un de ses meilleurs éducateurs, Kerchensteiner, directeur des écoles de la ville de Munich et député au Reichstag. Dans ces lignes on voit l'homme pratique témoigner dans le même sens que le disciple de Kant.

« Nous Allemands, nous n'avons qu'un sentiment national très faiblement développé en comparaison des Anglais, des Français, des Italiens, des Suédois, des Norvégiens, des Hollandais et des citoyens de l'Union nord-américaine. Cela peut tenir en partie à une disposition de la race et dépendre en partie de notre passé. Mais pour une part l'explication se trouve certainement dans le fait de la participation tardive du peuple à la formation et au développement de l'Etat. Quand il y a cent ans le baron de Stein voulut habituer la nation « à administrer ses propres affaires et à sortir de l'état d'enfance dans lequel un gouvernement toujours obligeant veut tenir les hommes, » le bourgeois allemand était dans l'impossibilité de concevoir ce que Stein et Hardenberg avaient dans l'esprit. L'opposition violente qu'après la guerre de l'indépendance les Etats firent aux réformes et l'esprit de défiance qui anima contre elles l'administration s'unit à l'indifférence des masses profondes qui, tenues jusque-là dans la plus étroite

. tutelle, ne comprenaient pas la valeur des dons qu'on leur faisait. »

Ce peuple de serfs mal émancipés n'était pas désigné par l'histoire pour donner à l'Europe une constitution nouvelle. Par contre, on comprend sans difficulté qu'il pût servir d'instrument à un impérialisme parasitaire capable d'imposer à l'Europe un arrêt de développement ou même une déviation retrograde (1).

(1) KERCHENSTEINER, *Der Begriff der Staats bürgerlicher Erziehung*, Kap. VIII, § 1c8, Teubner, 1914.

CHAPITRE III

L'ANCIENNE ET LA NOUVELLE QUESTION D'ORIENT.
IMPÉRIALISME ET PARASITISME

Sous la pression des conditions intérieures que nous avons analysées d'après les indications mêmes de la science allemande, l'impérialisme allemand avait pour loi de se solidariser avec deux formes plus anciennes et déjà caduques de la même tendance, l'impérialisme autrichien et l'impérialisme turc. La marche de la guerre aura révélé l'étroitesse de cette solidarité entre diverses manifestations d'un même parasitisme fondamental, solidarité sans laquelle la constance et le succès de la politique d'alliances resteraient inintelligibles.

Le rapport entre la question d'Orient et la politique sociale de l'Allemagne est un de ces chapitres de l'histoire contemporaine que la sociologie pathologique peut seule tenter d'éclairer. En nous montrant les crises ethniques étroitement mêlées aux crises sociales, elle nous apprend à chercher les origines de la guerre bien au delà des intentions des empereurs et des chanceliers. Pas plus d'ailleurs que l'étude du milieu social où se forme le criminel, cette pathologie politique ne fait disparaître l'idée de responsabilité. Elle prouve seulement la nécessité de modifier le milieu si l'on veut éviter la répétition indéfinie des grands crimes internationaux.

Considérée dans toute son ampleur actuelle, la question d'Orient résulte d'une solidarité historique qui a uni les destinées de l'empire turc et celles des Etats de la maison d'Autriche. « Historiquement parlant, écrivait Charles Dilke, l'empire austro-hongrois, agglomération de cinquante-six Etats différents, représente une fédération chrétienne contre le Turc, transformée de nos jours en un essai de coalition magyare et allemande contre le Russe » (1). En effet, l'autorité de la maison d'Autriche fut acceptée, non sans les plus fréquentes résistances et les plus sanglantes répressions, parce qu'elle préservait les populations chrétiennes de la vallée du Danube du sort pire encore que faisait aux chrétiens des Balkans la conquête turque. Mais à mesure que l'Empire ottoman se décomposa et que des Etats chrétiens autonomes apparurent entre le bas Danube et la mer Egée, l'autorité de la maison de Habsbourg et de la bureaucratie viennoise fut fatalement mise en discussion par des populations hétérogènes, étrangères aux traditions et aux tendances de la culture allemande et qui trouvaient en dehors de l'Empire des centres politiques auxquels elles pouvaient aisément se rattacher. Chaque pas de l'Empire turc vers la décomposition et la destruction finales était donc une menace au germanisme autrichien.

(1) *L'Europe en 1887, Autriche-Hongrie*, p. 203.

Dans un ouvrage bien connu, où les signes précurseurs de la guerre européenne étaient assemblés et résumés de main de maître, l'ancien chancelier Bernard de Bulow a écrit que la Turquie était pour l'Autriche le voisin idéal. Il y a là une vérité historique d'une ironie profonde et cruelle. Voisin idéal ! l'Empire turc l'était sans doute, au sens où une certaine jument défunte était pour Roland la monture parfaite. Pour assurer la sécurité de l'empire d'Autriche, son unité, la perpétuité de ses principes de gouvernement et d'administration, il eût fallu réussir à soustraire l'Empire ottoman aux forces sociales et politiques qui travaillaient à éliminer ce système de parasitisme militaire et religieux, à toutes les forces morales, intellectuelles et économiques qui composent la civilisation moderne ou qui même assurent toute vie sociale régulière. L'intégrité de l'empire ottoman garantissait seule le germanisme autrichien, mais c'était l'intégrité du bacille en lutte avec la phagocytose. La guérison de l'Orient, la défense de sa vitalité devait être inévitablement fatale à cette intégrité et à celle de l'empire qui en était solidaire.

Or c'est dans la défense du germanisme autrichien que le parti militaire prussien, le Junkertum pour mieux dire, devait trouver l'occasion de cette guerre de conquête et d'expansion qu'il jugeait indispensable à son propre salut.

Cette conclusion trouvera des sceptiques d'autant plus que la question d'Orient passe pour si confuse et si inextricable qu'elle **défie toute** interprétation sociologique. Nous croyons **cependant** qu'elle se dégage des faits historiques les plus connus et les moins contestés. Qu'est-ce que la question d'Orient, telle qu'elle s'est déroulée depuis un grand siècle, sinon le tableau d'une crise ethnique, ancienne et profonde, que la sociologie peut interpréter et rattacher aux crises sociales, mieux connues et mieux étudiées, dont l'Occident est le théâtre ?

Aussi longtemps que l'Europe a considéré les Turcs comme les ennemis de son droit public autant que de sa foi et que l'Empire turc s'est lui-même considéré comme une communauté musulmane conquérante issue de l'armée des anciens Kalifes, il n'y a pas eu de place pour une question d'Orient dans la politique européenne. Les Turcs étaient tenus pour des usurpateurs qui tôt ou tard devaient être rejetés en Asie. Cette situation n'a commencé à se compliquer que le jour où l'on a pu croire l'empire turc susceptible de se réformer, de placer ses populations chrétiennes au même niveau que ses populations musulmanes et d'accorder enfin aux unes et aux autres un minimum de garanties judiciaires, administratives et même constitutionnelles (1). De ce jour, l'intégrité de l'empire ottoman a été opposée à l'émancipation des nationalités chrétiennes par la politique d'une partie des Etats occidentaux. La question d'Orient et le maintien de l'intégrité de l'empire ottoman ont toujours été en effet des expressions synonymes. Il était trop évident que le succès de la politique de réformes dépendait de la conservation d'un certain équilibre entre l'élément chrétien et

_____

(1) En exigeant, par la voie des capitulations, des tribunaux spéciaux pour leurs ressortissants, les Etats tels que la France témoignaient jadis d'une profonde défiance envers les institutions turques et, en dépit des alliances, mettaient cet empire hors la loi européenne.

l'élément musulman, le rôle de l'opposit:on libérale
et réformatrice étant dévolu au premier. Toutes les
fois qu'une nationalité chrétienne se détachait de
l'empire et s'érigeait en Etat indépendant ou même
en principauté autonome, la force de résistance de
l'élément musulman s'accroissait proportionnelle-
ment, et la Turquie était rejetée plus irrémédiablement vers le panislamisme et la tradition asiatique.

De Sélim III, à la fin du règne d'Abdul-Aziz
(1789-1876) le conflit de la politique d'intégrité et
de la politique d'émancipation a pu rester indécis. A
elle seule, la politique de la France, par ses oscilla-
tions, exprime cette indécision, car après avoir favo-
risé l'émancipation à Navarin, elle a combattu pour
l'intégrité à Sébastopol. Mais à dater de la guerre
turco-russe de 1877 la question fut implicitement
tranchée. La Roumanie, la Serbie, le Monténégro
devinrent des Etats indépendants. La Grèce s'accrut
de la Thessalie. La Bosnie et l'Herzégovine passèrent
sous l'administration de l'Autriche. Les Bulgares
obtinrent un statut autonome, promesse d'une complète indépendance. Il n'y eut plus de noyau com-
pact de chrétiens ailleurs qu'en Macédoine ; il ne
pouvait suffire à faire équilibre aux populations musulmanes. Le *hatti-chérif* ou le *hatti-humayoun*, dont
la diplomatie européenne faisait la condition de
l'intégrité de l'empire, ne fut plus dès lors qu'une
fiction.

La politique russe n'avait jamais été la dupe des
promesses réformatrices du gouvernement turc et elle
avait poursuivi sans relâche, au prix des plus grands
sacrifices, l'émancipation des chrétiens d'Orient sans
la distinguer toujours de l'extension des frontières de

l'Empire. En cela, elle s'était montrée plus clairvoyante que la politique occidentale, mieux instruite des véritables conditions faites à la Turquie par ses origines et son histoire. Non seulement la Turquie ne fut jamais une nation, mais l'Empire ottoman ne fut jamais un Etat, au sens européen du mot. Il n'y faut pas voir autre chose que l'expression moderne de la Communauté musulmane de rite sunnite, comme l'Empire arabe en fut l'expression ancienne (1). Comme le démontrait récemment M .Clément Huart, un orientaliste bien connu, l'Islam reconnut et consacra deux sociétés, la famille et la communauté universelle des Croyants, mais il ne conçut ni ne consacra rien qui ressemblât à la notion greco-romaine de l'Etat (2). Il ignora totalement la notion d'une loi humaine perfectible, exprimant un accord entre volontés réfléchies, et partout où il a rencontré cette idée, il l'a étouffée. La communauté musulmane pouvait transiger (et elle le fit) avec les représentants des autres communautés religieuses ; elle pouvait leur concéder des privilèges, leur accorder des « capitulations », mais se transformer en un Etat laïque reconnaissant à ses sujets des droits civils et politiques égaux, indépendamment de leurs croyances, voilà ce qu'elle ne pouvait faire sans renoncer à son identité.

Le traité de San Stefano, imposé par la Russie à la

----

(1) L'intermédiaire doit être cherché dans la garde turque dont s'entourèrent les Khalifes abbassides et dans l'empire éphémère des Seldjoucides, dont l'Empire ottoman ne fut d'abord, qu'un démembrement, puis une reconstitution.

(2) Clément HUART, *Histoire des Arabes*, Tome I, chap. XVIII p. 358 et tome II. *Conclusion* (Paris, Geuthner, 1912.)

Turquie militairement détruite, aurait donné à la question d'Orient une solution. C'est ce que ne surent pas voir les puissances occidentales, asservies à leurs traditions, et leur aveuglement offrit à la politique allemande une occasion qu'elle ne laissa pas échapper. Le traité de Berlin remplaça le traité qui avait glorieusement récompensé les sacrifices de la Russie. Il devait marquer une époque. Dès lors la question d'Orient se transforme et se généralise. Désormais, en effet, ce n'est plus seulement l'intégrité de l'Empire ottoman qui est en cause, c'est celle de l'Empire austro-hongrois.

En 1861, Mazzini, opposant dans une vigoureuse antithèse les exigences du principe des nationalités à la constitution territoriale de l'Europe, assimilait hardiment le sort de l'Autriche à celui de la Turquie. Pas plus que la Turquie, l'Autriche n'est une nationalité. « C'est une administration superposée de par le droit du plus fort, à des nationalités que séparent la langue et les habitudes et que leurs origines, leurs croyances, leurs aptitudes différentes invitent à développer leur vie dans des voies diverses. Sur trente-huit millions de sujets environ, l'Empire compte de six à sept millions d'Allemands. Plusieurs millions d'entre eux sont des cultivateurs, des voyageurs, des trafiquants sans influence sur le gouvernement. Cent vingt familles, puissantes par leurs possessions territoriales, leurs grands capitaux, leurs traditions féodales, sans nationalité définie, toutes acquises aux modes étrangères, sans pensée commune, sans capacité d'initiative pour le bien, mais appuyées par une immense administration et par une armée qui est un vrai *Camp de Wallenstein*, formée d'éléments hétérogènes et répartie avec un art machiavélique en sorte que ses divisions se trouvent rarement en contact avec des hommes de même race, ces familles gouvernent au jour le jour, ou pour mieux dire résistent comme elles peuvent à un mouvement intérieur de démembrement qui d'année en année devient plus menaçant. Dix-sept millions de Slaves établis en Bohême, en Moravie, en Galicie, dans la partie montagneuse de la Hongrie, en Illyrie, en Croatie, en Styrie, en Slavonie, déploient sur la circonférence de l'Empire une large ceinture qui enserre de toutes parts la race dominante (1). »

Dès 1878 la prévision implicitement contenue dans ces lignes entrait dans la phase de l'accomplissement. La révision du traité de San Stefano était faite tout entière au point de vue autrichien ou, pour mieux dire, au point de vue du dualisme germanomagyar. L'incorporation hypocrite de la Bosnie et de l'Herzégovine à l'Empire des Habsbourg ôtait à la Serbie, reconnue indépendante, tout espoir de former un Etat national homogène et en faisait économiquement une enclave de la Hongrie. La grande Bulgarie de San Stefano était découpée en trois tronçons, dont l'un restait entre les mains des Turcs comme pour servir d'enjeu aux luttes futures, tandis que les deux autres, arbitrairement séparés, recevaient une autonomie incomplète qui les prédestinait à une agitation chronique. Désormais l'Autriche et la Russie étaient mises en présence dans les Balkans comme en un champ clos, mais, comme la première était manifestement incapable de se mesurer avec la

____

(1) MAZZINI, *Apud Calabrò*, vol. II, p. 155.

seconde, son sort était de devenir la vassale de l'Allemagne et de lui préparer la domination de l'Orient.

Une seule voie restait ouverte à l'Autriche pour éviter cette lente absorption, dont la guerre actuelle n'a montré que le terme extrême : c'était de faire droit aux revendications légitimes de ses populations slaves et de substituer à la constitution dualiste une constitution fédérative où les Tchèques auraient été les égaux des Allemands et les Croates ceux de Magyars. Au lendemain de la guerre russo-turque, sous l'impulsion d'un homme d'Etat clairvoyant, le comte Taaffe, elle parut marcher dans cette voie, déjà tentée inutilement en 1871, mais la conjuration des influences allemandes et magyares eut bientôt arrêté la tentative.

Cette persistance de l'accord entre les Allemands et les Magyars contre les Slaves, l'impossibilité où son ceux-ci d'obtenir le redressement de leurs torts et d'être traités aussi bien que la nation dont ils ont fait échouer le plan séparatiste en 1848, est à elle seule toute la nouvelle question d'Orient.

Elle est la révélation d'une crise ethnique qu'un lien historique indéniable rattache à cette crise interne de la société allemande dont nous avons présenté brièvement la preuve dans le précédent chapitre.

La nouvelle question d'Orient résulte du conflit inévitable entre les revendications politiques et sociales des peuples slaves et la vieille structure de l'Etat et de la société civile dans les Marches allemandes de l'Est, en Prusse et en Autriche, ainsi que dans le royaume de Saint Etienne. Le problème dont les armées cherchent la solution dans les flots d'un fleuve de sang humain, n'est que la liquidation d'un passé prodigieusement long dont l'étude nous ramène de proche en proche au cœur ou même au début du Moyen Age.

Le panslavisme ou la solidarité slave a été le grand prétexte à l'agression pangermaniste. C'est lui que dénonçait explicitement le chancelier Bethmann-Hollweg dans un discours prononcé le 8 avril 1913 au Reichstag, et où d'hypocrites déclarations pacifiques n'empêchent pas un œil exercé de lire les prémisses de l'ultimatum du 31 juillet 1914 (1). Longtemps la France intellectuelle et libérale a vu elle-même le panslavisme avec les yeux prévenus de la culture austro-allemande. Cependant, rattachée à ses antécédents historiques, la solidarité slave se présente comme une simple formule de défense contre le parasitisme des races conquérantes et comme le salut des libertés de l'Europe.

L'histoire des peuples slaves, considérée comme un seul tout, peut se diviser en trois grandes phases, la phase des origines et des migrations dans l'Europe centrale et méridionale, la phase de l'arrêt de développement et de l'asservissement à des conquérants de race étrangère, enfin la phase de la renaissance qui a débuté plus ou moins tard selon les peuples, car pour les Russes elle ne remonte pas plus

---

(1) Après une dénonciation de « la résistance provocatrice du Monténégro » on y lisait cette phrase : « Si jamais il se produisait une conflagration européenne mettant face à face les Slaves et les Germains, il serait désavantageux pour les Germains que la place occupée autrefois par la Turquie d'Europe dans l'équilibre européen fût prise maintenant par des Etats slaves ».

loin que le XVIIe siècle et pour les autres elle correspond exclusivement au XIXe.

Les migrations slaves avaient beaucoup différé des
migrations germaniques dont elles étaient presque
contemporaines. Celles-ci ont pris l'allure de conquêtes et se sont effectuées sous des chefs dont les
noms sont connus, dans des conditions historiques
relativement définies. Les migrations slaves sont entièrement anonymes. L'histoire en perçoit les résultats sans en connaître aucunement les circonstances.
Elles ont ressemblé à une inondation lente plutôt
qu'à une crue torrentielle. Peut-être ont-elles eu au
fond plus d'importance que les invasions germaniques. Les Germains sont sortis de leur pays par petites bandes qui (à l'exception des Anglo-Saxons et
des Normands) n'ont fondé dans les pays vaincus que
des aristocraties peu solides et peu durables, comme
les hidalgos d'Espagne, les Leudes francs, les seigneurs lombards. Ils n'ont guère modifié la compo-
sition ethnique des régions conquises et leur exode
a plutôt dépeuplé l'ancienne Germanie qu'il n'en a
étendu l'aire. Au contraire l'habitat primitif des
Slaves, la grande Chrobatie qui avait la chaîne des
Karpathes pour limite occidentale, a été prodigieusement étendu vers l'Ouest et le Midi. Sur leur frontière Nord-Ouest, les Slaves ont peuplé les vallées
de la Vistule, de l'Oder et de l'Elbe et remplacé sur
le plateau de Bohême les tribus germaniques des Mar-
comans et des Quades. Au Centre, ils ont couvert
toute la vallée du Danube, un domaine anciennement disputé par les Celtes et les Germains. Au Sud,
ils ont occupé les deux versants des Balkans, presque
toute la Macédoine, l'ancienne Illyrie, à l'exception

de l'Albanie. De là ils ont pénétré dans les vallées alpestres, et jusqu'en Italie où, aujourd'hui encore, une de leurs langues se parle autour d'Udine, à peu de distance de Venise (1).

A l'âge des migrations, ces peuples n'avaient encore aucune organisation politique définie. Ce n'étaient rien moins que des nations. Un historien byzantin les qualifie de tribus anarchiques et mutuellement hostiles, ἄναρχα καὶ μισαλλήλα. Ces tribus inorganisées étaient encore étroitement apparentées les unes aux autres, témoins les noms qu'elles se donnent ou qu'on leur donne. Les écrivains latins, Tacite, Pline, Jornandès, les appellent indifféremment Serbes, Venèdes ou Vinides. Ptolémée mentionne aussi des Serbes. Procope parle des Sclabènes (Σκλαβῆνοι). Il est aisé de retrouver ici des noms destinés à se localiser. Les Venèdes ou Vinides sont les Wendes qui ont disparu de l'Allemagne mais en laissant leur nom attaché à une foule de localités. Le terme de Sclabènes ou Slovènes désigne aujourd'hui un petit peuple qui résiste encore à la germanisation dans le Carniole et la Styrie. Le nom de *Serbi* est porté par deux peuples très différents, dont l'un, les Serbo-Croates, partagé entre plusieurs Etats, habite entre l'Adriatique et le Danube, tandis que l'autre, presque ignoré, le peuple sorabe, tient encore en pleine Allemagne la haute

(1) NIEDERLE (Lubor), *La race slave: statistique, démographie, anthropologie,* traduit du tchèque par L. Léger (Alcan, 1911). Louis LÉGER, *Cyrille et Méthode, étude historique sur la Conversion des Slaves au christianisme* (1868). — *Histoire de l'Autriche-Hongrie* (Hachette, 1895). — *La renaissance tchèque* (1911, Alcan). — *Le monde slave,* etc., 1873 (Didot).

vallée de la Sprée, autour de Bautzen, à une faible distance de Berlin.

Le seul grand événement historique de cette période primitive fut la conversion des tribus slaves au christianisme. Ce ne fut pas seulement un événement moral, mais encore politique et intellectuel. C'est de là que date la division de la race en deux groupes rattachés, l'un à l'Eglise romaine, l'autre à l'Eglise grecque. Le premier a compris les Polonais, les Tchèques, les Slovènes et les Croates, le second les Russes, les Serbes et les Bulgares. Jusqu'au XIXe siècle ce furent deux mondes distincts. Au point de vue politique, les Slaves catholiques formaient des royaumes qui, à titre de vassaux, relevaient du Saint-Empire romain germanique, tandis que les Slaves du rite oriental suivirent les destinées de l'Empire grec et, après sa chute, se crurent appelés à le remplacer. Au point de vue intellectuel, les Slaves catholiques reçurent toute leur culture de l'occident et purent se servir du même alphabet que les peuples d'Europe les plus civilisés. Les Slaves orientaux eurent une langue liturgique à eux, le slavon ecclésiastique, c'est-à-dire l'ancien bulgare dont Cyrille et Méthode s'étaient servis pour traduire la Bible. Cette langue ne fut pas seulement celle du culte et de la prière, mais encore celle de la théologie qui au Moyen Age embrassait la culture tout entière. Elle servit et sert encore à maintenir un lien intellectuel entre les Russes et les Slaves méridionaux.

Au moment où ils entraient dans les Eglises chrétiennes, les Slaves ne formaient pas de véritables Etats. C'étaient, au dire des historiens byzantins, des tribus anarchiques et animées d'un esprit d'hostilité mutuelle. Nous nous expliquons aisément le sens de cette expression, si bien applicable aux rapports des Serbes et des Bulgares, quand nous étudions les rares monuments de leur droit. Les Slaves étaient encore au stade juridique qui correspond à l'âge héroïque. Chaque famille, chaque clan ou brastvo s'attribuait un droit de paix et de guerre et réglait par la force ses différends avec les autres familles. Elle ne reconnaissait encore ni procédure civile, ni véritable droit pénal. A l'intérieur de la famille, du clan ou du village, les hommes vivaient sous l'autorité d'une coutume invariable qui consacrait entre eux une étroite solidarité morale et économique. Mais les mêmes groupes réglaient tous leurs rapports avec les groupes voisins par des conventions dont chacune était l'équivalent de ce qui est aujourd'hui un traité d'arbitrage entre deux peuples et était à peine plus respecté. Les tribunaux n'étaient que des cours d'arbitrage qui ne pouvaient donner force de loi à leurs décisions (1).

Dans ces conditions les tribus slaves étaient désignées d'avance comme des proies à la cupidité de voisins plus forts et plus fortunés. C'est ainsi que se produisirent les catastrophes historiques de leur race et à leur suite un arrêt de développement qui pour les nations slaves les plus fortunées dura six siècles. Les voisins qui les menaçaient étaient, à l'Ouest l'Empire germanique constitué par la maison de Saxe, à l'Est les empires militaires que formaient

---

(1) On peut lire une exposition brève, mais exacte de ces institutions dans deux chapitres des *Etudes d'histoire du droit* de RODOLPHE DARESTE (Chapitres IX et X).

périodiquement les nomades des steppes limitrophes de l'Europe et de l'Asie septentrionale. La conséquence fatale de la lutte fut la destruction ou l'assujettissement des Slaves du Nord par les Allemands, la conquête de la vallée du Danube par les Magyars, l'asservissement des Russes aux Mongols et celui des Slaves méridionaux aux Turcs ottomans.

Ces événements, tous funestes et qui nous expliquent facilement pourquoi les Slaves n'ont pu participer à la civilisation européenne comme les peuples latins ou germains, ne doivent pas cependant être mis tous sur un même plan. Les Allemands et les Magyars furent pour les Slaves des ennemis beaucoup plus redoutables que les Mongols ou les Turcs.

La pression teutonique eut deux effets. Elle amena l'extermination ou l'asservissement des peuples Wendes qui s'étaient établis dans les vallées de l'Oder et de l'Elbe ; elle rejeta les Polonais vers l'Est. Les Wendes furent les uns massacrés, les autres vendus comme esclaves. De ce moment date la substitution du terme d'Esclaves (Sklaven, Slaves) à celui de Servi, qui désigna dès lors une condition plus douce. A elle seule, elle est fort éloquente. Protégés par les montagnes qui forment une ceinture autour du plateau de Bohême, les Tchèques, et avec eux une partie des Sorabes purent échapper au sort de leurs parents du Nord. Quant aux Polonais, pour se protéger contre la colonisation allemande, ils durent au XIVe siècle se confédérer avec les Lithuaniens, que malheureusement une rivalité historique opposait aux Russes. Déjà ils étaient séparés de ceux-ci par la confession religieuse. L'opposition des intérêts politiques s'y ajouta de plus en plus. Toute leur histoire ne fut plus qu'une longue guerre contre les habitants de la Petite Russie à laquelle ils arrachèrent tour à tour la Galicie, la Podolie et la Volhynie où depuis lors, jusqu'à l'âge des partages, le seigneur a été polonais, le paysan russe (1).

La conquête du bassin du Danube par les Magyars ne fut pas moins fatale aux Slaves que la conquête allemande. Un historien tchèque, Palacky, la représente comme le plus grand malheur que sa race ait subi. Du Holstein au Péloponèse s'étendaient des peuples homogènes, actifs, en voie de s'associer à la civilisation européenne, quoique politiquement désunis. Au milieu de cette ligne étendue, un noyau se formait en Bohême. L'arrivée des Magyars au cœur de l'organisme naissant anéantit toutes ces espérances. Un peuple slave fut dès lors assujetti à l'Etat hongrois à titre d'hilote : ce fut le petit peuple des Slovaques, réfugié dans les vallées des Karpathes. C'est à leur adresse qu'a été formulé le proverbe qui résume les sentiments passés et présents de la noblesse hongroise : « L'homme slovaque n'est pas un homme ».

La domination des Mongols en Russie et celle des Turcs ottomans en Bulgarie et en Serbie eurent des effets sociaux fort différents de ceux-ci.

L'empire de Gengis-Khan, qui conquit la Russie au début du XIIIᵉ siècle, était peut-être le seul Etat du Moyen Age qui reposât sur la tolérance religieuse. Les Mongols respectèrent le clergé grec et s'attachèrent même à se le concilier. Ils ne touchèrent pas davantage à la constitution de la famille russe ou

(1) Sᴀᴄʜᴇʀ Mᴀsᴏᴄʜ, dans le *Nouveau Job*, présente un tableau émouvant des conséquences de cette hiérarchie.

à celle de la communauté de village, car cette double solidarité, familiale et communale, leur garantissait la réalisation du véritable objet de leur conquête, le paiement des tributs imposés aux vaincus. Leur gouvernement ne fut contraire qu'à la féodalité, d'origine scandinave, qui avait fait de la Russie une poussière de principautés sans cohésion. Le régime mongol habitua involontairement les Russes à obéir à une autorité centrale, à mener une vie sédentaire, à cultiver le sol d'un effort continu pour être en état de payer les tributs. Quand leur empire se décomposa en Khanats rivaux, les Russes commencèrent à reconquérir leur indépendance sous la direction des Grands ducs de Moscou. Le centre historique de la Russie fut déplacé pour de longs siècles, et transporté de Kiew et de la vallée du Dniepr à la vallée de la Volga, de la Petite Russie à la Grande Russie, à un peuple mélangé de Slaves et de Finnois, beaucoup plus façonné à la discipline que tous les autres Slaves. Les Grands ducs de Moscou acquirent sur leur noblesse une autorité absolue parce qu'ils purent se poser soit comme les champions de la foi chrétienne contre les Khans tatars devenus musulmans soit comme les champions de l'Eglise grecque contre la Pologne et la Lithuanie catholiques. Ils furent soutenus par le clergé orthodoxe avec le même zèle que les rois de Castille l'étaient, à l'autre extrémité de l'Europe, dans leur lutte contre les Maures. Dès la fin du XVIe siècle, il y avait déjà une Sainte Russie, cimentée par la religion et le patriotisme, et dont les chefs commençaient à concevoir l'ambition de relever à leur profit la couronne des empereurs d'Orient.

Toute la culture de cette Russie, exprimée notamment par son architecture et sa peinture religieuse, était d'origine byzantine (1). Mais le développement de cette culture grecque, identique en somme à celle de l'ensemble de l'Europe, avait été arrêté par trois siècles de domination d'un peuple qui, s'il n'était pas entièrement barbare, devait toute sa civilisation aux Chinois. La culture russe n'était pas seulement rudimentaire : elle était sollicitée en deux sens différents.

Au moment où la Russie commençait à s'affranchir des Mongols, les Serbes et les Bulgares succombaient ensemble à la conquête turque, où il convient de voir une simple entreprise de parasitisme colorée d'un prétexte religieux. Sous les Ottomans, les Serbes et les Bulgares eurent un sort analogue à celui des Russes sous les Mongols. Ils cessèrent de former des Etats, mais continuèrent à constituer une société. Les Turcs exigeaient d'eux le tribut des raïas, mais ils ne touchèrent ni à l'organisation de la famille ni à celle de l'Eglise. La famille formait le plus souvent une unité économique, la zadrugà, sorte de société coopérative de production et de consommation sous un chef élu, le domaiin. Il en résultait une solidarité vigoureuse qui, au milieu des pires épreuves, a conféré aux Slaves méridionaux, une force de résistance que rien n'a surmonté.

Au XVIIe siècle, la race slave était donc partagée entre deux sociétés, l'une, occidentale, composée des Polonais, des Tchèques, des Slovènes, l'autre orientale, composée des Russes, des Serbes, et des Bulgares. Les peuples du premier groupe perdaient

(1) DIEHL, *Manuel de l'art byzantin.* Livre III, chap. VI, § 3 et 4, p. 548.

de plus en plus le caractère slave, les Polonais en s'assimilant une culture exclusivement latine, les Tchèques en subissant, depuis la guerre de Trente ans, la pression des Allemands d'Autriche qui visaient à les germaniser. Le groupe oriental était assujetti en partie aux Musulmans. Les Russes, les Moscovites comme on les appelait alors, formaient le seul peuple slave indépendant d'où la race entière pût espérer le salut, mais la nature de sa culture le faisait considérer comme un peuple aussi asiatique qu'européen. Tout dépendait donc de la direction que prendrait ce peuple. S'enfermerait-il dans des traditions propres à le rattacher à la culture chinoise autant qu'à celle de Byzance ? Se tournerait-il vers la civilisation occidentale pour lui demander les conditions intellectuelles, juridiques, économiques de son développement ? On sait comment ce problème a été résolu par Pierre-le-Grand et ses successeurs.

L'année 1812 est la date critique à partir de laquelle la Russie a concouru à la régénération des Slaves. Depuis Pierre Ier, la Russie, cherchant sous la pression de son gouvernement à s'assimiler la civilisation de l'Occident, avait demandé des leçons tour à tour aux Français et aux Allemands. L'influence de la France s'était exercée sur la société aristocratique et brillante, les salons, les modes, les manières et, somme toute, était restée extérieure et superficielle. L'influence des Allemands, aidée par celle des provinces baltiques, avait été beaucoup plus profonde et s'était fait sentir dans la législation, l'administration, les universités. Au lendemain de l'invasion française de 1812 où le patriotisme s'était élevé au paroxysme, la Russie se retrouva russe et un grand parti se forma en vue de la débarrasser à la fois de l'imitation française et de l'influence plus occulte et plus générale des Allemands. Le mouvement prit un caractère intellectuel autant que politique.

La nouvelle école slave étudia le passé de la Russie, sa langue, ses traditions, ses coutumes. C'est de là que date l'essor de la littérature russe. La curiosité se porta d'abord sur la société rurale, le moujik, la commune russe, considérés comme les véritables dépositaires de la tradition nationale, puis plus lentement vers les frères slaves opprimés dans l'Empire ottoman et même en Hongrie et en Allemagne. Là est l'origine d'un double mouvement d'émancipation que l'histoire sociale ne peut pas séparer, l'émancipation des paysans à l'intérieur, la subordination de toute la politique extérieure à l'émancipation des Slaves des Balkans.

L'émancipation des paysans n'a pas été en Russie le contre-coup des idées libérales de l'Occident, mais une œuvre éminemment nationale. Les vrais auteurs ont été les patriotes russes constituant le parti de Moscou que résumait le triumvirat Milutine, Samarine et Tcherkasky, le premier homme d'Etat et légiste de premier ordre, les deux autres brillants publicistes. L'ukase que promulgua Alexandre II le 19 février 1861 était préparée de longue date. Elle ne fut que l'acte final d'une opération qui avait commencé dès le lendemain de la guerre de 1812, par un grand nombre de mesures gracieuses prises par les propriétaires, par un plus grand nombre de rachats à l'amiable et enfin par la libération des paysans de la couronne, qui furent exemptés des corvées et soumis à une simple redevance. La réforme, dirigée par Milutine sous Alexandre II, a pris un tout autre caractère que celui d'une émancipation pure et simple. Elle a recréé un peuple en donnant au paysan non pas seulement la liberté, mais la terre. C'est depuis lors que la population russe a pris cet essor prodigieux qui l'a portée de cinquante-cinq millions d'hommes à plus de cent trente millions.

Ce grand mouvement national intérieur, si peu compris en Occident où on ne le voyait qu'à travers les yeux prévenus des Polonais et des Allemands, a correspondu à l'effort politique des Slaves méridionaux pour se délivrer des Turcs et à l'effort intellectuel des Slaves d'Autriche pour reconstituer leur langue et leur littérature et opposer leur culture originale à la culture allemande qui leur était imposée depuis la guerre de Trente ans. Notons au passage le grand rôle joué par la ville de Prague et les écrivains qu'elle a produits, le philologue Schaffarik, auteur des *Antiquités slaves*, l'historien et juriste Palacky, le poète Kollar. Tandis que la politique russe recréait un peuple par la base, en ramenant le paysan à la condition d'homme libre et en restaurant la commune russe, la science et la littérature tchèques en recréaient un autre par le sommet en faisant descendre peu à peu la conscience nationale d'un petit cercle intellectuel jusqu'au fond même de la vie populaire. Les Tchèques, en dépit de la situation difficile que leur faisaient les animosités allemandes, ont pu jouer dans le monde slave le rôle de médiateurs soit entre les Russes et les Polonais, soit entre les Slaves autrichiens de religion catholique et les Slaves orientaux, fidèles de l'Eglise grecque. Ils ont été les initiateurs de puissants mouvements d'opinion et peut-être ont-ils préparé un renouvellement de l'Europe.

La résurrection des Slaves n'a donc pas consisté en une série de mouvements nationaux isolés, mais a manifesté la solidarité qui associait dans un effort commun les Russes, les Slaves de l'Empire ottoman, enfin les Slaves d'Autriche. Cette grande solidarité slave a paru inquiétante non pas seulement aux Magyars qu'elle menaçait directement et aux Allemands dont elle contrariait les plans, mais parfois aux hommes d'Etat anglais, italiens et même français. On y a vu une menace pour le droit public européen et même, chose plus curieuse et plus énorme, pour la civilisation ! Pour en exprimer le danger, on a inventé un terme à grand effet, le panslavisme ! Ce sont les Allemands qui ont, sinon inventé, au moins propagé ce terme et ont montré dans la solidarité slave le prodrome d'un impérialisme barbare, asiatique. dont leur propre impérialisme pouvait seul préserver l'Europe. Mais cette crainte du panslavisne a pu aussi se propager chez nous. Elle sévissait surtout dans les dernières années du second Empire et faisait obstacle aux études slaves, même les plus désintéressées (1). Elle a survécu pendant quelques années à la guerre de 1870 et retardé la conclusion de l'alliance franco-russe.

(1) Louis Léger raconte spirituellement comment Victor Duruy fit supprimer au collège de France, sinon la chaire de langue et littérature slave, au moins son titre (*Le Monde slave*, Préface).

Etait-il surprenant cependant qu'au moment même où ils s'éveillaient à la politique internationale, l'idée d'une solidarité ou plus exactement d'une mutualité slave (Slowanska Vezagemnost) se présentât à la conscience de ces peuples ? Plus une population était opprimée, annulée comme nationalité, absorbée par les institutions administratives et éducatives d'un autre Etat, plus elle était portée à placer son espoir dans le lien linguistique et historique qui la rattachait à une race nombreuse déjà représentée par un grand empire. L'aspiration à l'unité slave a donc été une protestation spontanée, non pas seulement contre une oppression brutale et inintelligente comme celle des Turcs, mais contre toute politique d'assimilation captieuse ou violente.

Les publicistes qui, en France, en Allemagne, en Angleterre, avant et après 1870, évoquaient le spectre panslaviste étaient unanimes à placer le foyer de la solidarité slave en Russie (1). Mais l'étude méthodique des faits montre combien cette opinion était mal fondée. Avant 1812, toute l'activité intellectuelle des Russes s'orientait vers l'occident, dont les adversaires se rencontraient seulement dans la secte des vieux croyants, les Starovertze ou Raskolnik, représentants authentiques des plus anciennes traditions rituelles et morales. Après 1812, il y eut en Russie un mouvement national très ardent. Il se porta exclusivement vers les antiquités russes. Il y avait peu de chance qu'il prît un coloris panslaviste, car se tourner vers les Slaves de l'extérieur, c'était en

____

(1) Au premier rang, Julian Klaczko, collaborateur assidu de la *Revue des Deux-Mondes*.

somme se tourner vers l'Europe dont les patriotes russes redoutaient alors l'influence. Le souci des antiquités communes à tous les Slaves, l'intérêt aux langues et aux littératures slaves a été importé en Russie du dehors. Il supposait l'existence d'un foyer à l'étranger.

Ce foyer ne pouvait s'allumer ni en Serbie ni en Bulgarie où l'activité intellectuelle était encore trop faible. Il ne pouvait être ailleurs qu'en Autriche. Là même, il y avait un pays plus particulièrement désigné pour cette initiative, la Bohême et les terres qui la complètent à l'Est, la Moravie, la Haute-Silésie et les Comitats slovaques de la Hongrie. Prague a été un centre d'études slaves qui ont réveillé à la fois les Slaves méridionaux et les Russes. Ce sont des Tchèques qui ont été créer les études slaves dans les universités russes. Il est aisé de comprendre pourquoi il en fut ainsi. Les peuples d'Autriche étaient associés à tout le mouvement intellectuel de l'occident. On devait s'attendre à les voir en faire l'application à leurs propres antiquités. Il était naturel aussi que le mouvement romantique qui emportait les Allemands vers les épopées et les mythes germaniques eût pour conséquence chez eux un effort en vue de renouveler leur langue, de reconstituer leur poésie populaire, de se donner même une littérature nationale. On sait que les provinces tchèques sont parmi les plus actives, les plus industrieuses, les plus riches de l'Autriche et ne le cèdent en rien aux provinces allemandes. Leur population ne pouvait se laisser traiter en subalterne par les Allemands, plus agressifs et plus hautains en Bohême qu'ailleurs.

Enfin la Bohême avait conscience de former dans

l'Empire un royaume autonome, d'avoir, au XVIe siècle, par une libre élection, appelé un Habsbourg au trône national, d'avoir perdu ses franchises politiques avec sa liberté religieuse au cours de la guerre de Trente ans sous les coups de la Contre-réformation et de n'avoir été réduite au rang de province allemande que par la force. N'était-il pas inévitable qu'en pénétrant dans l'Europe centrale, le mouvement libéral issu de la Révolution française et le principe des nationalités réveillassent chez les Tchèques l'espoir de prendre pacifiquement leur revanche de la défaite de la Montagne Blanche et qu'ils cherchassent des alliés chez les autres Slaves d'Autriche ?

La politique autrichienne répondit à ces revendications et à ces espérances en redoublant l'effort de la germanisation, en poursuivant les cercles d'études comme des foyers de conspiration politique, en imposant la langue allemande non-seulement dans l'armée, les tribunaux, l'administration, mais même dans l'enseignement (1). Est-il étonnant que le slavisme se soit exaspéré et que certains de ses représentants, Kollar notamment, aient conçu l'idée d'une fédération slave, appuyée sur la Russie et capable de préserver ses membres de l'oppression allemande et hongroise ? La statue slave rêvée par Kollar élève sa tête au-dessus des nuages. Ses pas franchissent le monde. L'Europe s'agenouille devant elle. Elle a pour tête la nation tchèque, pour bras la Russie, pour buste la Pologne, pour pieds les Serbes. Ce rêve de domination n'est qu'une réaction de l'imagination accablée par la misère présente. Il faut être tout pour

---

(1) C'est au point que l'Université de Czernowitz enseigne en allemand dans un pays où personne ne parle cette langue.

cesser d'être comptés pour rien ! En réalité ni les Tchèques ni les autres Slaves ne s'attaquaient à l'Etat autrichien. Ils le prouvèrent en 1848 en se groupant autour de la dynastie et en la défendant contre la révolution allemande et hongroise. Ils ne protestaient que contre la germanisation devenue depuis Joseph II le mot d'ordre des esprits avancés dans l'Empire, car elle se présentait à eux comme l'unique moyen de frayer la voie à la culture. Contre cette germanisation, tantôt insidieuse, tantôt brutale, la poésie tchèque, par la voix de Kollar, évoquait le souvenir des Slaves de l'Elbe, massacrés ou vendus par les empereurs de la maison de Saxe. « Elle est là, je la vois à travers mes larmes, cette vaste terre, jadis le berceau et maintenant le cercueil d'une grande nation. Depuis les sources de l'Elbe jusqu'à la Baltique, une langue généreuse et grande retentissait. Comment et pourquoi ne l'entend-on plus sur cette terre ? Honte à toi, Allemand jaloux et cupide ! Tu as fait verser des flots de notre sang et tu continues à vomir des flots de calomnie, espérant y noyer tous nos souvenirs. Celui-là seul qui est digne de la liberté sait respecter toutes les libertés. Celui qui met des esclaves aux fers est lui-même un esclave » (1).

On conçoit aisément l'intérêt que trouvaient les publicistes allemands à présenter aux Joseph Prudhommes du libéralisme occidental la solidarité slave comme un mouvement impérialiste visant à étendre l'autocratie russe jusqu'au Danube, à l'Adriatique et à l'Archipel. La lutte contre un prétendu panslavisme était un moyen excellent de couvrir et d'excuser les

____

(1) Cité par L. LEGER, *Histoire d'Autriche-Hongrie*, p. 483.

procédés les plus violents de la germanisation à laquelle s'ajouta, à dater de 1867, la magyarisation. Mais cette transformation de solidarité intellectuelle et morale des Slaves en un plan impérialiste ne tient pas devant les faits. Où trouverait-on la trace d'une soumission des Slaves à un plan impérialiste russe ? Ce ne serait pas sans doute chez les Bulgares ou chez les Polonais. Les Serbes eux-mêmes n'en ont jamais donné la preuve. Mais ce plan, existe-t-il chez les Russes eux-mêmes ? Toutes les fois que l'esprit d'observation ou l'équité historique ont prédominé sur les haines nationales dans l'esprit d'un publiciste allemand, on l'a vu témoigner à décharge en faveur de la Russie. De ces témoignages, les plus précieux pour un sociologue sont ceux du baron de Haxthausen et de Henri de Treitschke.

Dans les années qui suivirent 1848, Haxthausen que son éducation et ses convictions sociales rattachaient à la noblesse de l'Allemagne du Nord, publiait, en allemand et en français, ses *Etudes sur la Russie*. On peut encore recommander la lecture de ce livre qui avait révélé à Sumner Maine tout l'intérêt que les coutumes rurales slaves présentent au droit comparé (1). La portée politique n'en est pas moindre que la valeur sociologique. Haxthausen cherchait à démontrer aux Allemands que la Russie est la gardienne de l'ordre moral en Europe en raison de ses fortes institutions familiales et de l'esprit de solidarité qui anime ses populations (2). Il la présentait

(1) SUMNER MAINE, *Ancien droit*, chap. VIII. Traduction française, p. 250.

(2) Il est à remarquer que ces vues étaient identiques à celles d'Auguste Comte dont on connaît l'appel au tzar Nicolas.

aussi comme une puissance essentiellement coloniale, chargée de porter en Asie la civilisation europénne. Enfin, dans quelques lignes mémorables, il se portait garant de ses intentions pacifiques.

« En Europe, on répète volontiers que la Russie rêve la monarchie universelle. Je ne sais pas trop ce que l'on entend par ce fantôme de domination renouvelé des Romains, ni à quel point elle serait possible. Ce que je sais, ce que je puis affirmer, ayant vu d'assez près ce que l'on dit et ce que l'on pense dans toutes les classes du peuple russe et connaissant ce peuple aussi bien peut-être que la plupart des Russes, ce que je puis affirmer, c'est que personne, ni gouvernement, ni particuliers, ne songe à ce que l'on est convenu d'appeler la conquête du monde ».

« Sans doute, la Russie pendant des siècles a dû conquérir au dehors ce qui lui manquait pour se développer à l'aise. Tel semble être le vœu de la nature. Un Etat quelconque absorbe et conquiert jusqu'à ce qu'il ait trouvé son assiette. Y a-t-il un Etat en Europe qui ait échappé à cette nécessité, qui soit devenu ce qu'il est sans conquête ?... Il y a bien par delà la Neva une *Jeune Russie*, rêvant une monarchie universelle, la restauration de l'empire grécoslave à Byzance (Tzaribrod, la ville des Tzars en russe). Mais l'idéal de cette jeune Russie n'a pas plus pénétré dans le peuple russe que celui de la *Jeune Europe* ou de la *Jeune Allemagne* n'a saisi la couche inférieure de la nation qui les avait vues éclore ».

« Si le peuple russe pense à Constantinople, c'est dans un sens religieux. Mais là encore, ce sont des instincts vagues, dénués de toute consistance et qui ne peuvent en aucun cas réagir sur la pensée du gouvernement. »

« Une ode du jeune poète Khamiakoff exprime avec résignation tout en s'efforçant de la tempérer par un mouvement qui ne manque pas d'un certain héroïsme dithyrambique, cette absence du sentiment belliqueux chez le peuple russe. L'ode est russe. Nous avons essayé d'en conserver quelques traits dans la traduction en prose que voici.

« — Le flatteur dit : Courage ! Sois fier, oh pays au front couronné, au glaive invincible, toi qui disposes de la moitié de l'univers !

« Pas de frontières à ton empire ! La fortune obéit à un signe de ta main. Le monde t'appartient et plie en esclave devant ta majesté. La steppe s'épanouit en champs féconds ; tes montagnes élèvent dans les airs leurs têtes boisées et tes rivières ressemblent à l'Océan.

« Oh mon pays ! Dépose ta fierté, n'écoute pas les flatteurs ! Rome a été plus puissante, les Mongols plus invincibles. Où est Rome ? Que sont devenus les Mongols ?

« Ta mission est plus haute, plus sainte : c'est le sacrifice et l'amour, c'est la foi et la fraternité (1). »

A une date beaucoup plus récente, au moment même où allait s'ouvrir la nouvelle question d'Orient, Henri de Treitschke confirmait l'opinion de Haxthausen. Treitschke est devenu, chez nous, on ne sait pourquoi, la bête noire de littérateurs et de publi-

---

(1) Baron de HAXTHAUSEN, *Etudes sur la situation intérieure, la vie nationale et les institutions rurales de la Russie*, Tome II, chap. xx, Hanovre, 1848.

cistes, qui n'ont sans doute jamais ouvert ses œuvres. Mieux inspirés, les critiques anglais se sont attachés à montrer le contraste entre la politique qu'il déduisait de l'histoire et celle de l'Empereur Guillaume. Au cours même de la guerre, ils ont traduit une série d'essais consacrés à l'Allemagne, la France, la Russie et l'Islam (1). Un essai sur *La Turquie et les grandes puissances*, écrit en 1876, doit, plus que les autres, retenir l'attention. « Les Russes, y lit-on, ne sont point le peuple barbare que certaines gens voudraient nous faire croire. Nous ne sommes plus au temps du tzar Nicolas. L'empereur Alexandre n'a pas seulement ouvert de nouvelles voies à la vie sociale de son peuple en réalisant à fond des réformes radicales : il a donné aussi une direction toute différente à la politique étrangère de son pays. Il faut être aveuglé par la haine pour soutenir que la Russie accable l'Europe d'une domination paralysante. Le gouvernement de Pétersbourg a prouvé aussi bien dans l'Amérique du Nord qu'en Italie, en Allemagne et à Rome qu'il savait respecter les forces vivantes du siècle. »

« Tôt ou tard doit s'accomplir la loi historique qui commande à notre siècle en travail de ne pas souffrir qu'une race de cavaliers et de mangeurs de revenus ait encore sa place en Europe. Byzance doit être délivrée, mais il faut être fou pour croire qu'un gouvernement russe intelligent procéderait à l'annexion de cette ville... La grande idée que représente la Russie, grâce à sa position historique en Orient, est la réintégration des Etats gréco-slaves dans la grande com-

(1) *Germany, France, Russia and Islam*, London, Jarrold and Sons, 1915.

munauté européenne. Chaque jour la nature travaille à la réalisation de cette idée, qui est l'idée de l'avenir (1). »

Pourquoi donc les avertissements de Haxthausen et de Treitschke ont-ils été oubliés par l'opinion et la politique allemandes ? Il faut demander la réponse à la notion de la solidarité historique et matérielle qui unit les intérêts des Junker à ceux des cavaliers turcs et magyars « mangeurs de revenus » et aux prétendus Jeunes-Turcs « racaille frottée d'un vernis de civilisation, qui a rapporté de ses années de débauche à Paris le goût du champagne et quelques phrases voltairiennes (2) ».

Dans toute l'Europe orientale, la cause du slavisme se confond avec celle d'une classe paysanne qui aspire à la propriété du sol et à la jouissance des fruits de son travail ; la cause du germanisme et du magyarisme se confond avec celle de la grande propriété foncière d'origine féodale. L'histoire que nous avons résumée à grands traits nous rend compte de cette double solidarité. Le slave est le *Sklave*, l'hilote qui, selon le proverbe magyar, n'est pas un homme. Le junker allemand, le magnat hongrois, comme d'ailleurs le bey turc, est le descendant d'une race conquérante qui s'est créé un domaine à coups d'épée et a réduit le vaincu à travailler pour elle. Tout ce qui tend à relever la race vaincue, à lui restituer l'usage de sa langue et de ses droits civils et politiques, ne peut être qu'une menace aux privilèges so-

(1) Cité par la Bibliothèque universelle, n° 232, p. 180. Avril 1915.
(2) *Ibid.*

ciaux de la race dominante. Le spectacle d'une Serbie, d'une petite communauté politique de paysans, groupés en zadrugas qui sont de véritables sociétés coopératives de production, gouvernés par des dynasties issues de bergers ou de porchers, est un scandale intolérable aux yeux de l'aristocratie autrichienne comme de l'aristocratie magyare, et combien il lui est facile de faire partager son indignation à l'aristocratie prussienne ! (1)

Le slavisme serait donc un mouvement démocratique, fort différent sans doute de celui de l'Occident, mais tout aussi réel et profond et destiné à faire un jour cause commune avec lui contre un même péril. Regardée sous ce jour, l'alliance franco-russe était tout autre chose qu'une combinaison arbitraire

---

(1) La « morale » des maîtres, celle de Nietzsche, ne diffère en rien celle des hordes turques primitives, célébrée jadis par M. Jean Richepin, dans les *Blasphèmes*.

> Je ne connais qu'un devoir
> C'est — le sabre au poing —
> De massacrer pour avoir
> Ce que je n'ai point.

Cette morale, une comédie turque, l'*Avare*, éditée à Tiflis en 1852 par Mirza Feth Ali Konzadè, la formule plus explicitement par la bouche de son héros, Haïder Beg. « O créateur ! quel siècle ! quel temps ! On ne désire plus monter à cheval ! On ne se soucie plus de tirer des coups de fusil ! Du matin au soir, du soir au matin, il faut que tel qu'une femme, tu restes prisonnier dans la tente. Désormais d'où viendra le bonheur ? D'où viendra la fortune ? Hélas ! Dans les jours passés on avait chaque semaine, chaque mois, une caravane à assaillir, un campement à piller. Maintenant plus de combats ! Plus de campements à piller, plus de caravanes à assaillir ! » *Journal asiatique*, X^e série, t. III, § 2. — La haine du pacifisme ne s'exprime pas toujours avec cette candeur et cette franchise.

de la politique. C'était, qu'on nous passe ce terme, l'ébauche d'une synergie de forces sociales complémentaires les unes des autres. En dénonçant cette alliance comme l'abdication des démocrates français entre les mains de l'autocrate russe, une école socialiste internationale, celle de Marx, trahissait ses origines allemandes et la secrète affinité qui l'entraînait vers le césarisme économique de l'Allemagne. Ils font preuve de trop de cécité ceux qui ne voient dans la Russie que sa vieille autocratie, qui évolue d'ailleurs rapidement vers le régime de la monarchie contrôlée. Si la Russie a été l'espoir des Slaves des Karpathes, de l'Elbe et de la Save comme de ceux des Balkans, elle le doit aux profondes réformes de Milutine qui ne s'est pas borné à donner au paysan la liberté toute formelle qui fait de lui un salarié, parfois plus assujetti que le serf, mais a assuré sa part de la terre. A mesure que les conséquences de ces réformes se sont consolidées et développées, le germanisme et le magyarisme se sont sentis irrémédiablement compromis, depuis la Baltique jusqu'au Danube et les invectives toujours plus violentes contre le panslavisme n'ont fait qu'exprimer cette crainte intéressée.

A vrai dire, la haine de la Russie a eu en Occident des interprètes qui ont prêté au magyarisme et au germanisme une aide singulièrement efficace. Nous voulons parler des réfugiés polonais, victimes de la répression qui suivit l'insurrection de 1863. Le réfugié polonais appartenait d'ordinaire à la noblesse, petite ou grande, à la classe qui seule jusque-là détenait la propriété foncière. On sait qu'Alexandre II chargea le grand réformateur du servage de couper la racine des insurrections en Pologne et Milutine ne trouva rien de mieux que d'importer aux bords de la Vistule les lois agraires qui avaient si bien réussi dans les plaines russes. Des expropriations aussi violentes ne peuvent manquer de faire des victimes dignes du plus profond intérêt, puisque leur condition sociale est brusquement changée et que plusieurs générations doivent souffrir avant que la famille ainsi dépossédée ait pu reprendre son niveau de vie. Toutefois, si, négligeant les individus, l'on n'envisage que la cause du slavisme, nul ne peut nier que la réforme agraire de Milutine ne soit sortie d'une pensée vraiment profonde. Elle a fait apparaître en Pologne une classe laborieuse, consciente d'elle-même, enracinée dans le sol et bien différente de la petite noblesse guerrière et turbulente, qui jusque-là avait seule constitué la nation. Le contraste présenté par la Pologne prussienne suffit à faire comprendre l'œuvre russe et à en montrer la grande portée, ethnique et sociale. Le plan de l'administration prussienne n'a pas été moins contraire à la noblesse polonaise que le plan russe. Mais tandis que les réformateurs russes distribuaient le sol aux paysans polonais, la législation prussienne l'attribuait aux colons allemands. Les premiers préparaient la renaissance d'un peuple, l'autre poursuivait une œuvre séculaire d'expropriation, d'asservissement et d'élimination.

Si la question d'Orient a offert à la classe des Junker l'occasion de la guerre qu'elle cherchait pour restaurer sa domination sur l'Allemagne en l'étendant, par la conquête, à l'Europe continentale, l'histoire impartiale ne verra pas là un accident que des négociations habilement dirigées auraient pu éviter : elle y verra, croyons-nous, l'issue inévitable d'un conflit latent, engagé sur une aire immense, depuis des siècles, entre un groupe ethnique devenu conscient de sa force et qui a donné maintes preuves de son aptitude à la liberté ainsi qu'à la haute culture, et une coalition égoïste de classes aristocratiques qui visent à perpétuer indéfiniment à ses dépens leur existence de parasites.

CHAPITRE IV

L'ÉTATISME ET LA DÉFORMATION DE L'OPINION
PUBLIQUE EN ALLEMAGNE

Au témoignage même des penseurs allemands restés indépendants, la politique des Junker contrariait l'évolution normale de la société allemande. Non seulement, comme l'a remarqué Staudinger, elle arrêtait le développement de la politique constitutionnelle, mais encore elle faisait obstacle à la politique industrielle et commerciale de l'Allemagne occidentale. Comme toutes les nations européennes, l'Allemagne aurait dû, parallèlement à l'essor de son industrie et de son commerce, évoluer à la suite de la France et de l'Angleterre, dans le sens du libéralisme politique, de la démocratie constitutionnelle et de la paix. Tel était le vœu exprimé par Gœthe au terme du second Faust.

Solch ein Gewimmel möchte ich sehen
Auf freien Grund mit freien Volke stehn.

Pour le réaliser, il suffisait à l'Allemagne de rester fidèle à une tradition germanique plus authentique

que celle de la Prusse, à la tradition de ses villes libres et de sa ligue hanséatique.

Pour cela, que fallait-il ? Qu'il se formât dans les populations urbaines de l'Ouest et du Sud une ferme opinion publique, décidée à contenir l'arbitraire impérial et à confiner la noblesse militaire dans une opposition de plus en plus impuissante. A mesure que l'équilibre numérique se rompait en leur faveur, les populations urbaines avaient la certitude d'imposer à la dynastie régnante leur conception du gouvernement, en faisant comme tous les autres peuples un usage opportun des institutions représentatives, d'autant plus facilement que dans les régions du centre, du midi et même de l'ouest, aucun loyalisme héréditaire ne les rattachait aux Hohenzollern.

Cette opinion ne s'est pas formée ; elle a même fait place à un courant contraire. Il y a là un cas d'absence qui, indépendamment de tout autre intérêt, suffirait à appeler l'attention de la science sociale sur l'opinion publique allemande et sa responsabilité dans les origines de la guerre. Est-il vrai que les idées morales et les théories politiques soient sans action sur les faits même quand les faits sont des courants d'opinion ? L'étude de l'Allemagne contemporaine suffirait à elle seule à confondre cette théorie si chère aux écoles naturalistes.

Les sociologues et publicistes allemands qui ont traité de l'opinion publique, notamment Bluntschli, Holtzendorff et Albert Schæffle ont été unanimes à lui attribuer un double caractère, la fatalité et la passivité (1). Sur ce point, ils se séparent radicale-

____

(1) La philosophie sociale de l'Allemagne, issue autant de

ment des psychologues et sociologues anglais et américains, Mill, Dicey, Giddings, Brinton... Bluntschli, chez qui l'on ne trouve à glaner que quelques observations de sens sur les rapports de l'opinion publique avec le milieu historique (*Zeitgeist*), avec les partis et la presse politique, note cependant que l'opinion publique s'exerce moins dans le sens d'une impulsion directrice que dans celui d'une simple résistance à l'action du législateur. Holtzendorff va beaucoup plus loin dans cette voie. Il démontre facilement que l'opinion publique est fille de la culture intellectuelle qui a ajouté à ses moyens d'expression spontanée des moyens de propagation de plus en plus puissants. Or, l'histoire de la culture est celle de l'émancipation de la pensée individuelle et du recul des idées et des sentiments communs. Il semblerait donc que l'opinion dût s'individualiser, devenir plus réfléchie, plus critique, en un mot plus responsable. Cependant il n'en est pas ainsi. A mesure que les nations absorbent les petits États locaux, que dans chaque nation se forment de grands centres urbains dont l'opinion

l'école de Herbart que de celles de Kant et de Schelling ou de celle de Hegel, a vu dans la puissance de l'opinion publique un intermédiaire entre le fait et l'idéal, intermédiaire par lequel l'idéal peut réagir sur le fait, le confluent de la conscience morale de l'élite et de celle de la moyenne. C'est l'opinion publique qui détermine négativement ou positivement le législateur, mais elle-même est déterminée par l'état de la culture, par les conditions économiques, enfin par le passé lointain de la race et de l'espèce. Trois publicistes et sociologues ont représenté **la théorie de** l'opinion ainsi comprise et en ont fait le principal **chapitre** de la science politique renouvelée. Ce sont : 1º BLUNTSCHLI (*Politique*, 3º volume 1876)

2º HOLTZENDORFF (*Nature et Valeur de l'opinion publique* (1876) et

3º SCHÆFFLE (*Structure et vie du corps social*), Tome I (1881).

est prise pour celle du peuple tout entier, à mesure que l'expression écrite ou imprimée des opinions prédomine sur leur expression orale et que le journal étend son influence aux dépens du livre, on voit grandir l'anonymat et l'irresponsabilité. La masse et le pouvoir subissent ainsi la pression de courants d'opinion dont ils ignorent absolument l'origine. Ces courants mettent en œuvre l'instinct d'imitation et accroissent la passivité de l'individu devant une puissance extérieure. De cette appréciation pessimiste de l'opinion Holtzendorff conclut facilement à la nécessité d'une éducation artificielle qui la contienne et la subordonne à la conscience nationale (Volksgemüth). L'opinion a d'ailleurs son rôle normal, la résistance à des actes arbitraires et à des actes législatifs contraires à la conscience nationale. Le danger serait qu'elle ne tolérât rien à côté d'elle, ni conscience individuelle, ni tradition sociale, ni compétence des législateurs et des juristes (1). Les vues de Schæffle, pour qui l'opinion est la réaction consciente de la masse sociale indifférenciée sur le plus différencié de ses organes, le gouvernement, sont très voisines de celles de Holtzendorff, qu'il dépasse encore en pessimisme. Son expérience des affaires publiques (il avait été ministre en Autriche) l'amène à considérer la presse périodique comme extrêmement corruptible, comme plus propre à dénaturer l'opinion publique qu'à l'exprimer et nous croyons qu'au terme de cette guerre, personne, en aucun pays, ne le démentira (2).

(1) HOLTZENDORFF, *Werth und Wesen der öffentlichen Meinung*, Kap. v, vi, vii, viii (Munich. Rieger, 1880).

(2) SCHÆFFLE, *Bau und Leben des sozialen Körpers*. Tome I, IV. Hauptabschnitt, § 432-467.

Si tous ces fermes et remarquables esprits ont jugé l'opinion avec cette hauteur misanthropique, c'est que la passivité de l'opinion publique en Allemagne est un fait, qui contraste à tel point avec l'activité de l'esprit allemand en philosophie, en science, en art, en critique religieuse ou esthétique, ou même en économie sociale, qu'il est impossible d'y voir un trait du caractère ethnique. Le fond de la race est le même en Allemagne qu'en Suisse alémannique, en Hollande, en Norvège, en Suède, en Angleterre, en Ecosse, aux Etats-Unis. Or l'on sait si chez tous ces peuples l'opinion publique est énergique et sait se montrer impérative dans ses rapports avec le pouvoir.

On pourrait être tenté d'incriminer les Eglises et les partis confessionnels plutôt que la race. Leur influence restée excessive en Allemagne et en Autriche, est à elle seule un signe d'infantilisme social car l'exemple des Etats-Unis est là pour prouver que la religiosité la plus profonde peut s'allier avec un anticléricalisme pratique qui interdit aux Eglises de se transformer en partis politiques. En Allemagne, le protestantisme n'a pas su ou n'a pas pu produire ses conséquences politiques normales, celles que dénoncent ses adversaires et qui sont sa gloire, sa remarquable aptitude à réconcilier l'idéal évangélique avec la conscience civique et a tirer de ses institutions ecclésiastiques elles-mêmes des institutions représentatives et démocratiques. A cet égard un abîme sépare le protestantisme allemand, non seulement du presbytérianisme helvétique, hollandais, écossais, nord-américain, mais de l'anglicanisme, mais même du luthéranisme scandinave ou finlandais resté plus voisin en apparence de la constitution ecclésiastique du

Richard   6

xvie siècle. L'église luthérienne qui a su conserver au petit peuple finlandais, même sous l'autocratie russe, l'esprit d'un peuple libre et progressif, s'est montrée en Allemagne, avant et après sa transformation en Union évangélique, d'une abjecte servilité envers les dynasties. Depuis 1848 le piétisme et l'orthodoxie n'ont été, de l'aveu unanime, que les masques du parasitisme nobiliaire.

Etait-ce de l'Eglise catholique que l'on pouvait attendre un redressement de la conscience nationale ? Sans doute sous l'oppression bismarckienne, elle a jadis montré les ressources presque infinies dont elle dispose dans la résistance. Mais quelques concessions habiles et opportunes l'ont ramenée bien vite à son tempérament naturel, à son culte de l'autorité et des gouvernements forts. Au cours de cette güerre, c'est sur elle que l'impérialisme a paru, par instants, fonder ses espérances. L'attitude qu'ont prise ses ministres en certains pays neutres, n'a pas toujours assez démenti ce calcul (1).

(1) On lit ces lignes dans un article de M. Morel-Fatio sur le clergé espagnol. « A tout seigneur, tout honneur : c'est par le clergé, l'atelier le plus actif de gallophobie, qu'il convient de commencer. On ne peut naturellement juger de ses idées que d'après les journaux qui le représentent... Les feuilles catholiques, dites de la « bonne presse », qui sont les organes, soit de l'épiscopat, soit de la Compagnie de Jésus, soit d'autres groupements religieux, varient de ton mais s'accordent sur tout le reste. Leur programme consiste à attaquer la France sans trêve ni merci, à dénoncer sa perversité et sa décadence et à appeler sur elle les plus terribles châtiments du ciel... Vis-à-vis de la Belgique, l'attitude des catholiques espagnols a été, disons le mot, indigne. Avant la guerre les meilleures relations existaient entre les deux pays, tous deux essentiellement catholiques ; l'université de Louvain passait, en Espagne comme partout,

D'ailleurs le parti du Centre, héritier des traditions
du Saint-Empire, est, contrairement à une opinion
naïvement ou trop habilement accréditée en France,
autant sinon plus que le parti protestant, l'âme véritable du pangermanisme (1).

pour le centre le plus important de la science orthodoxe... Vient
la guerre avec toutes les atrocités qui ont marqué l'invasion du
pays par les Allemands et subitement le charme est rompu : la
catholique Espagne ne connaît plus la Belgique. Puis très timi-
dement, de peur de froisser l'Allemagne, les catholiques espagnols finirent par admettre que l'université où remporta ses
plus beaux succès leur Vivès avait été détruite avec tous ses tré-
sors bibliographiques et qu'un certain nombre de prêtres belges
avaient été fusillés : alors quelques-uns risquèrent une adresse de
sympathie à ces victimes de la Kultur : d'autres, en revanche,
jugèrent que la neutralité leur imposait une très grande réserve
et que d'ailleurs on ne savait pas bien jusqu'ici de quel côté se
trouvait le vrai coupable. » Morel Fatio, *La Gallophobie espa-
gnole*, Bibliothèque universelle de Lausanne. Décembre 1915.

(1) Dans un livre bien connu en France, *L'Allemagne à la fin
du Moyen Age*, le chanoine Jean Janssen ne se contente pas de
tenter de prouver que la Réforme, loin de marquer l'aube de la
culture allemande, a été l'expression de la décadence de la
Grande Allemagne impériale du Moyen Age. Il s'attache à démontrer que dès le règne de Philippe le Bel, la France a constamment et indûment empiété sur le territoire de l'Empire en
dépassant sa véritable frontière, la ligne du Rhône et de la
Saône.« La politique belliqueuse et conquérante des rois français
avait pu être entravée dans toutes ses entreprises en Allemagne
et en Italie tant que les frontières de l'Empire lui avaient opposé
une digue redoutable, et surtout tant que la Lorraine et la Bour-
gogne étaient restées allemandes ; mais lorsque s'ébranla l'ancien ordre de choses et que l'organisation de l'Empire vint à se
dissoudre, ces pays attirèrent particulièrement l'attention de la
France, qui ne songea plus qu'à mettre ses projets à exécution.
En 1312 l'occupation de Lyon contre toute justice fut aussi dé-
sastreuse pour l'Empire que plus tard la capture de Strasbourg

Cependant l'explication tirée de la puissance des partis confessionnels ne saurait suffire. On ne voit jamais ces partis inspirer l'opinion publique que là où l'instruction populaire est faiblement développée ou tout entière entre les mains d'une seule Eglise nationale. Or, l'Allemagne, au nord comme au midi, est au point de vue religieux, un pays mixte (1). De plus, c'est un pays d'où les illettrés ont en partie disparu, et où les établissements d'enseignement secondaire et supérieur sont en moyenne plus fréquentés que dans les autres pays.

C'est d'un autre côté que la vraie cause doit être cherchée. Sans vouloir nous associer à toutes les

le devait être pour la monarchie » (1). — Les revendications de l'Allemagne catholique s'étendent donc même à ce que Philippe le Bel a pu récupérer sur le territoire nominal du Saint Empire. Les déclarations des papes lui seraient-elles contraires ? Que l'on en juge d'après ces paroles du grand adversaire de Philippe le Bel, Boniface VIII, où l' « orgueil gaulois », est humilié sous l'hégémonie germanique. *Vicarius Jesu Christi et successor Petri transtulit potestatem imperii a Græcis in Germanos ut ipsi Germani possint eligere regem Romanorum qui est promovendus in imperatorem et monarchum omnium regum et principum terrenorum. Nec insurgat super bia Gallicorum quæ dicat quod non recognosci superiorem : mentiuntur quia de jure sunt et esse debent sub rege Romanorum et imperatore (Disc. d. Boniface VIII. 30 avril 1903*). (2)

(1) Les protestants forment près de la moitié de la population dans la Hesse, le Franconie et la Souabe Ils ne sont en petite minorité que dans la Bavière propre. Par contre les catholique sont nombreux dans l'Allemagne du Nord, en Westphalie, en Hanovre, en Silésie, en Prusse occidentale. La Posnanie leur appartient.

(1) Liv. IV, chap. III, tr. fr., p. 482.
(2) James BRYCE, *Le 3e Empire romain et l'Empire actuel d'Allemagne, 1890*. Ch. XV, trad. fr., p. 323.

attaques, souvent inintelligentes, dont la culture allemande a été l'objet chez nous au cours de cette
guerre, c'est sur elle cependant que nous devons avant
tout faire retomber la responsabilité de la déformation de l'opinion publique en Allemagne.

On pourrait écrire un curieux chapitre de psycho-
logi collective et de pédagogie sociale sur les
universités allemandes dans leur relation avec la formation de l'opinion publique. L'équité obligerait à
distinguer une phase antérieure et une phase posté-
rieure à la fondation de l'université de Berlin. Pendant la première, les universités allemandes conser-
vaient le type des grandes écoles de la Grèce et du
Moyen Age en l'adaptant aux besoins d'une civilisation nouvelle. C'étaient à la fois des asiles de la libre
critique et des ateliers déjà bien organisés pour la
recherche. En l'une d'elles les trois *Critiques* de Kant
ont pu être élaborées et c'est tout dire. La fondation de
l'université de Berlin a tout changé. En réaction contre
la domination française, cette université « garde du
corps intellectuelle des Hohenzollern » comme a pu
la nommer Dubois-Reymond, un de ses recteurs (1),
a entrepris sciemment de transformer la science, la
critique historique, la philosophie en autant d'armes
au service de la politique prussienne. Plus s'est ren-
forcée la centralisation, plus on a vu son esprit pénétrer les autres universités, à l'exception de quelques
petits centres dont Marburg, asile du néokantisme, a
été le principal.

Cet esprit nouveau n'a exercé son action cor-
ruptrice dans aucun domaine plus que dans celui des

______

(1) Lavisse, *Etudes sur l'histoire de Prusse*, Livre, IV. p. 344

sciences sociales, ethnographiques et historiques.
Au xviiie siècle, les sciences sociales formaient déjà
sous le nom de *sciences camérales* ou *Kameralistik* un
ensemble d'études juridiques, historiques, économiques et statistiques, destinées à former des fonctionnaires et à les pénétrer de la notion de l'Etat.
Au xixe siècle, après la chute de l'empire napoléonien
et plus encore après la restauration de l'Empire allemand en 1871, c'est cette notion de l'unité *étatique*
qui a caractérisé la science sociale en Allemagne et l'a
distinguée profondément de la sociologie française,
anglaise ou italienne. On donnait ainsi à l'opinion
une direction artificielle qui ne pouvait qu'en ac-
croître la passivité.

Pour la sociologie allemande, l'Etat n'est pas une
forme sociale entre plusieurs autres, mais la forme sociale par excellence, celle dont les autres, famille,
corporation, commune, Eglise même, ne sont que
les degrés ou même les matériaux. Ce n'est pas une
puissance toute temporelle et extérieure : c'est le
grand instrument de la culture intellectuelle et morale. L'objet de la sociologie allemande est surtout de
mettre ses élèves en garde contre la disposition à
penser que le rôle de l'Etat doive reculer dans l'avenir
devant l'initiative privée ou l'association libre, un
tel recul ne pouvant attester que le progrès de
l'égoïsme individuel ou le déchaînement de la lutte
des classes. Le progrès de l'Etat est assimilé aux
progrès même de la raison dans l'espèce, de l'harmonie des intérêts dans la société.

Aux yeux des sociologues français et anglais, la
notion de l'Etat s'est confondue avec celle du *service
public*, institué pour le bien de tous et contrôlé par

les organes de l'opinion publique, corps électoral, parlement et presse. Ce n'est pas l'Etat qui est le dépositaire véritable de la Souveraineté. La souveraineté (si l'on peut encore conserver ce terme, créé par l'ancienne politique) n'appartient qu'à la société formée par la nation et se confond avec l'autonomie de la nation au sein de la solidarité humaine. L'Etat se confond avec le système des services publics ; ce n'est pas un maître, mais un serviteur. Les services publics qui le constituent ne sont pas extérieurs à la société, encore moins supérieurs à elle. Ils ne tendent qu'à mettre plus d'ordre et d'harmonie dans la division du travail et à garantir la continuité de fonctions plus générales que celles de l'activité privée, mais de même nature. L'Etat démocratique de l'Occident n'est pas le sommet d'une pyramide dont le tronc et la partie moyenne seraient occupés par des couches sociales inégales. Il aide au contraire à accorder la division du travail avec la plus complète égalité des droits civils et politiques. Aussi accepte-t-il le contrôle de l'opinion publique et n'est même pas concevable sans une opinion publique à la fois éclairée et énergique.

La conception allemande est radicalement opposée à celle-ci. Dans les théories courantes des sociologues et des juristes allemands, l'Etat devient une communauté morale et juridique d'essence supérieure dont on ne conçoit bien la nature que si on l'oppose à la société civile. La société civile elle-même n'est pas conçue comme une coopération entre les fonctions d'agents présumés égaux. C'est une hiérarchie de fonctions essentiellement inégales en dignité et en valeur, chaque fonction donnant lieu à une profession fortement organisée, chaque groupe de professions constituant une classe sociale héréditaire autant que possible. Cette hiérarchie ne connaît pas l'harmonie. Les intérêts y sont profondément divergents, comme le sont ceux du propriétaire rural endetté et du capitaliste qui lui prête, ceux de l'ouvrier et de la société anonyme qui loue son travail. La désharmonie est au cœur même de la division du travail. L'unité, la coopération des travaux divisés ne peut être que l'effet de la réaction d'une société supérieure et plus puissante et cette société, c'est l'Etat..

L'Etat est donc à la société civile ou hiérarchie des classes et des fonctions ce que l'unité est à la dispersion, ce que la généralité est à la particularité. Aussi faut-il que l'Etat soit politiquement indépendant de la Société. Les services publics dont il est la synthèse ne doivent pas subir le contrôle d'un parlement car alors l'Etat risquerait de devenir l'instrument des partis politiques qui ne sont jamais autre chose que les avocats des intérêts particuliers des classes en conflit. L'unité de la nation ne peut être représentée par la multitude des hommes de parti, mais seulement par la volonté unique du chef de l'Etat qui sent la continuité de la nation liée à la continuité même de sa propre famille (1). Encore moins l'Etat peut-il accepter d'être dirigé par l'opinion publique, car, en présence de la volonté consciente et réfléchie, incarnée dans le Prince et ses conseillers immédiats, il n'y a, à proprement parler, que des opinions particulières et incompétentes. C'est à l'Etat organisé qu'il appartient d'in-

---

(1) On sait quel effort a été fait, sous le couvert du nationalisme intégral, pour réacclimater cette idée en France.

former et d'éclairer l'opinion, non à l'opinion d'é-
clairer et de redresser l'Etat.

La philosophie sociale de l'Allemagne, non moins
que sa politique pratique, s'oppose à cette notion du
service public contrôlé qui, autant et plus que le principe de la souveraineté nationale, est devenue l'idée
directrice de la démocratie contemporaine, en Europe
comme en Amérique. L'Etat allemand n'est pas un
serviteur de la Société. Il la domine ; il se pose en
maître, en juge, en éducateur des éléments vivants
de la Société, individus, groupes et associations. Il y
aurait là de quoi expliquer suffisamment le conflit
armé de deux politiques, car qu'est-ce au fond que la
politique sinon la façon de concevoir la nature, la
valeur et la mission de l'Etat ? Mais l'opposition des
vues dépasse la politique et porte plus loin qu'elle.
Elle touche à la nature même du droit, à la conception des rapports du pouvoir et de la justice,
c'est-à-dire au fond même de la vie morale. Il est
littéralement vrai que la politique allemande et la
politique anglo-française ne parlent pas la même
langue. Lorsque, d'accord avec la conscience universelle, nous reprochons aux Allemands leurs crimes
contre le droit public de l'Europe, leur éducation ne
leur permet pas de nous comprendre. Nous nous
sommes développés dans un sens, eux dans un sens
opposé. Ne craignons pas de faire une excursion rapide dans leur moderne philosophie du droit, car à ce
prix nous nous rendons compte de la grandeur des
périls que l'impéralisme allemand peut faire courir à
la civilisation morale, aux principes mordern de la
démocratie.

La doctrine qui identifie l'Etat à l'ensemble des

services publics est au fond celle de la Révolution française. Elle présuppose l'acceptation des idées contenues dans la *Déclaration des droits de l'Homme*. Ici le droit est inhérent à la personne humaine. L'individu ne s'en dépouille pas par le fait qu'il associe ses forces et ses facultés à celles des autres, pour leur bien comme pour le sien. Bien loin de s'affaiblir dans la communauté juridique, les droits s'y renforcent par cela même qu'ils se mutualisent et donnent lieu à des devoirs de justice qui sont réciproques. L'Etat, avec l'ensemble de ses fonctions, est l'organe, l'instrument du droit, mais il n'en est nullement le créateur. Le droit lui préexiste, au moins virtuellement, dans chaque raison et dans chaque conscience. Sans doute l'Etat réagit fortement sur la liberté et la propriété des individus et à l'occasion peut leur demander les plus grands sacrifices, mais s'il en est ainsi, c'est que le salut de l'Etat est la condition de la conservation même des droits individuels.

Cette conception (dite à tort révolutionnaire parce qu'il a fallu en France et hors de France une série de révolutions pour la faire pénétrer dans la pratique) ne diminue en rien le rôle de la loi et loin d'affaiblir l'obéissance aux lois, elle l'ennoblit. Le droit n'est dans la raison individuelle qu'à l'état de germe et ne peut s'objectiver que dans les rapports naissant de la coopération sociale, rapports que la conscience individuelle ne peut jamais définir à elle seule. Le droit légal (à son défaut, la coutume avant lui) est donc rigoureusement nécessaire pour mettre en acte le droit rationnel et dès lors, l'obéissance à la loi devient l'aspect positif du droit, le complément indispensable de la liberté. Comme l'obéissance doit être générale,

une puissance est nécessaire pour assurer la conservation du droit et elle se forme au sein même de la
coopération sociale. Cette puissance est l'Etat, avec
ses tribunaux, ses magistats et ceux qui y prêtent
main-forte. La valeur morale du droit se commu-
nique à l'Etat et le droit tend ainsi à s'identifier à
l'ordre juridique de la Société, à une justice sociale
qui est à la fois relative et progressive et que l'anarchie des volontés individuelles mettrait aussitôt en
péril. Cependant si le droit est finalement ordre, il est
d'abord liberté, liberté morale, liberté de conscience,
liberté civile, liberté politique.

Or, la science allemande conteste absolument ce
rapport entre l'Etat et le droit. L'idée que l'Etat soit
à la loi ce que la loi est à la liberté commune lui
semble à la fois séditieuse et pernicieuse, faite pour
dégrader l'Etat et démoraliser l'individu. Nous pouvons ouvrir les principaux classiques de la philosophie du droit en Allemagne et en Autriche depuis un
demi-siècle, soit l'*Ethique* de Wundt qui en a présenté un abrégé d'une remarquable précision (1). soit
l'*Etat juridique* de Rodolphe Gneist (2), ou le *Droit
public universel* de Gumplowicz (3), ou l'*Etat moderne*
de Jellinek (4), ou les œuvres plus anciennes de Lau-
rent de Stein et de Hegel (5), nous y trouvons toujours, avec plus ou moins de réserve dans les for-

(1) WUNDT, *Ethik*, IV^{ter} Abschnitt, III^{tes} Kapitel.

(2) GNEIST (Rudolf), *Der Rechtsstaat* (Berlin, Springer, 1879).

(3) GUMPLOWICZ, *Allgemeines Staatsrecht*, I^{ter}. Buch.

(4) JELLINEK, *L'Etat moderne et son droit*, Ire partie., trad. française, 1904.

(5) HEGEL, *Grandlinien der Philosophie des Rechts oder Natur-
recht und Staatswissenschaft*, 1837. — Lorenz von STEIN, *Socia-
ismus und Communismus im Frankreich*, 1848).

mules, la même doctrine sous le manteau des écoles les plus différentes, celles de Kant et de Schelling seules exceptées. L'Etat n'est pas l'instrument du droit, il en est le créateur. Le droit n'est pas immanent à la conscience ou à la raison humaine. Il ne peut se manifester spontanément ni dans la famille, ni dans la corporation ni dans le libre commerce des individus. Le droit n'apparaît qu'après l'Etat, par la volonté de l'Etat (1). La liberté n'est pas la source du droit. Elle en est plutôt l'antithèse. Le droit est fils de l'autorité, de la discipline. C'est une règle de conduite imposée de haut à la volonté individuelle par une volonté qui lui est supérieure parce qu'elle est plus rationnelle, plus stable et surtout plus puissante. La loi n'est pas une convention débattue entre ceux qui l'observeront, mais un commandement qui doit être indiscuté (2).

Il n'en résulte pas que le droit des individus, des corporations, des personnes morales, surtout leur droit de posséder, soit totalement nié. En effet, l'Etat peut limiter lui-même son autorité comme sa compétence. S'il le juge convenable, il peut laisser des sphères d'activité en dehors de son action. De cette autolimitation résultent des *droits subjectifs*

----

(1) Reconnaissons qu'à la veille même de la guerre cette doctrine trouvait dans l'Autriche allemande un sévère critique dans la personne d'EHRLICH, *Grundlegung des Rechts* (Duncker et Humblot, 1913).

(2) Comme l'ont montré Janssen et après lui Eugène Ehrlich, l'origine de cette conception ne doit pas être cherchée dans la philosophie, même spinoziste, mais dans l'influence profonde exercée par le droit romain byzantin sur la conscience juridique de l'Allemagne.

au profit des individus et des corporations, de véritables *biens juridiques* que les tribunaux doivent leur assurer. Mais ce ne sont pas là des droits innés, naturels que l'individu puisse considérer comme lui étant dus. Ce sont plutôt des concessions révocables, car si l'intérêt de l'Etat l'exige, ces droits seront restreints ou même totalement abolis.

Ce renversement des rapports entre le droit et l'Etat doit être considéré comme le trait caractéristique de l'impérialisme allemand. Du moment que l'Etat est ainsi élevé au-dessus du droit, qu'il en est non l'instrument, mais le créateur, la diversité des Etats cesse d'être légitime. Ce ne peut être qu'une phase transitoire destinée à être dépassée dans la lutte jusqu'au jour où un seul Etat, s'intégrant les autres, d'après les lois de la géographie sociale dégagées par Ratzel, imposera l'unité du droit à l'humanité. La pluralité des législations fait échec à la Raison incarnée dans l'Etat. On peut, avec Ostwald, y voir aussi une déperdition d'énergie. La conception française et anglaise, qui met à l'origine du droit la liberté et la discipline volontaire, s'accorde merveilleusement avec la diversité des Etats et des législations précisément parce que l'autonomie des nations est favorable à celle des individus et préserve la loi d'une sorte de cristallisation qui lui ôterait sa souplesse et son adaptabilité. La conception allemande conduit tout droit à la monarchie universelle, au rêve des Gibelins exprimé par Dante dans le *de Monarchia*, C'est la vision d'un seul Etat, concentrant toutes les ressources de l'humanité dans les mains d'un seul, subordonnant à une seule personne toutes les volontés individuelles et fermant toute issue à l'initiative privée, assimilée à un gaspillage de force.

On comprend aisément qu'une opinion publique, dressée à admettre sans discussion, comme un arrêt de la science, cette conception de l'Etat et du droit, ne pouvait opposer aucune résistance suivie aux plans d'un impérialisme asservi lui-même aux intérêts et aux fins d'une classe dominante. L'opinion publique, a dit Holtzendorff, est fille de la culture. Mais s'il en est ainsi, c'est que la culture normale est, selon le mot d'un grand historien suisse, Burckhardt, une émancipation de l'individualité (Entfesselung des individuellen) (1). L'opinion allemande, dont une école politique française impute les erreurs et les vices à l'individualisme, par une aberration peut-être intentionnelle, s'est peu à peu isolée du monde mo-

(1) C'est la grande idée qui se dégage de l'ouvrage posthume de J. Burckhardt, les *Considérations sur l'histoire universelle*, où il présente une vigoureuse synthèse de ses travaux antérieurs sur la culture grecque, la décadence romaine et la renaissance italienne. Il y ramène l'histoire universelle à l'étude des rapports entre la culture, l'Etat et la religion. La culture, manifestation de l'esprit, est l'élément mobile qui modifie constamment les deux autres termes du rapport. Elle a pour loi l'*émancipation de l'individuel* (1). La culture athénienne en est à cet égard, par opposition à l'Orient et même à la Grèce dorienne, l'expression la plus frappante. Le grand danger qui menace la culture, c'est la tendance de l'Etat moderne à tout niveler sous sa puissance alors que ses fondements sont de plus en plus contestés. La théorie de l'histoire universelle de Burckhardt (il repoussait le terme de philosophie) est, quoique formulée en allemand, l'extrême opposé de la philosophie sociale et historique de l'Allemagne depuis Hegel.

(1) *Weltgeschichtliche Betrachtungen*, ch. II et III, S. 122, sq., Spemann, Berlin, 1910.

derne dans son culte de l'Etat omnipotent et universel précisément parce qu'elle a subi une culture artificielle dont l'idée inspiratrice était la dépréciation systématique de l'individualité.

Asservie de telle sorte et orientée dans le sens de la rétrogradation politique, l'opinion publique de l'Allemagne devait chercher des maîtres et saluer ceux qui, de droit héréditaire, s'imposaient à elle, la dynastie et sa noblesse. Elle devait rêver d'une plus grande Allemagne où les principes qui la guident ne rencontreraient plus d'opposition, où une savante exploitation des vaincus prendrait, comme au pays d'origine, le masque de l'organisation. Elle ne pouvait rien comprendre aux sentiments de dignité nationale et de justice internationale qui dressaient contre ses plans de conquête et d'usurpation le grand Empire de l'Europe orientale et les deux grandes nations libres de l'Occident et qui allaient détacher d'elle son alliée méridionale l'Italie. Elle devait écouter complaisamment la voix des hommes d'Etat qui, comme l'ancien chancelier de Bülow, lui dénonçaient cette politique comme un encerclement coupable, inspiré à un roi d'Angleterre par des haines de famille et une basse jalousie nationale (1). Cette réaction si naturelle du droit international lui semblait inintelligible, car on lui avait enseigné que le

(1) On sait que le Prince de Bülow, ancien chancelier de l'Empire, attribue expressément à Edouard VII la politique d'où est sortie la Triple Entente, qualifiée par lui de politique d'encerclement (*Deutschland unter Kaiser Wilhelm II*, Tome I, chap. 1er, Berlin, Reimar Hobbing, 1914). Là est sûrement l'origine de la thèse d'après laquelle les ultimatums de juillet 1914 étaient des actes de défense légitime.

droit international ne saurait exister puisque sa notion n'est pas moins contraire à la souveraineté de l'Etat qu'aux lois mêmes de la concurrence vitale.

Il est à remarquer que cette corruption de l'opinion publique par la perversion de la conscience du droit est précisément celle dont une classe de grands parasites sociaux avaient besoin pour se faire tolérer et accepter. En aurait-il été ainsi si les universités allemandes étaient restées fidèles à la doctrine kantienne du droit et de l'Etat, sauf à la mettre d'accord avec les résultats des sciences sociales et de l'histoire, comme a tenté de le faire la petite, mais vaillante phalange des néo-Kantiens ? Singulier parti-pris que celui des publicistes français qui rejettent sur l'idéal criticiste de l'autonomie la responsabilité de la politique militariste de l'Allemagne et de ses pires violences ! On ne sait de quoi l'on doit le plus s'étonner, ou de l'inaptitude de ces hommes à comprendre la philosophie sociale du criticisme, ou de leur ignorance du véritable mouvement qui en a si profondément écarté l'opinion moyenne en Allemagne.

On a présenté parfois l'opinion publique comme une force irresponsable qui s'asservirait les jugements et les actes des individus, tout en se formant mystérieusement au sein de l'inconscient ethnique ou social. Une sociologie bien informée ne peut accepter cette thèse. L'opinion publique est un jugement sur la valeur du pouvoir, jugement formé collectivement mais dont les individus sont, en dernière analyse, toujours responsables en raison soit de leur action suggestive, soit de leur docilité à accepter des jugements tout faits. Mais de tous les agents de l'opinion, les plus responsables ne sont-ils pas ceux qui exposent la science ? S'ils la faussent systématiquement pour servir des fins politiques, et s'ils se servent d'une science falsifiée pour obscurcir les vérités morales et égarer la conscience commune, leur responsabilité sera lourde devant l'histoire. Peut-être échapperont-ils eux-mêmes aux sanctions méritées, mais elles retomberont avec d'autant plus de poids sur ceux qui se sont laissé complaisamment égarer par eux, car l'histoire, le devenir social, dispose des siècles pour l'exécution de ses arrêts.

CONCLUSION

CONCLUSION

Après dix-huit mois d'une guerre dont les résultats peuvent paraître incertains et dont l'issue est encore obscure, en raison même de l'immensité du développement pris par les opérations, un point peut être considéré comme acquis. L'Europe ne sera pas réorganisée d'après le plan indiqué par Ostwald. *L'énergétique sociale a fait faillite.* Il est certain que le marché des capitaux ne sera pas transporté de Londres à Hambourg. Il est certain que l'Allemagne n'amènera pas les autres puissances à renoncer à l'entretien de forces militaires par la seule constatation de la supériorité de son armée. Il est certain que l'empereur allemand ne deviendra pas le président des Etats-Unis d'Europe.

A cet égard l'impérialisme allemand est d'ores et déjà vaincu. Sa défaite résulte de la victoire acquise au principe dont il est l'antithèse, au principe de l'autonomie. Les armées allemandes et autrichiennes ont pu occuper la Belgique, le Luxembourg et la Serbie, mais l'effet de leurs succès sur les petits Etats a été de réveiller l'idée nationale en Italie et de mettre fin à la plus habile des combinaisons bismarckiennes. A cette heure, les armées italiennes combattent en ter-

ritoire autrichien ! Telle est l'évidence du principe de
l'autonomie nationale comme fondement du droit
public de l'Europe que ses contempteurs de la veille
ont dû l'invoquer pour se tirer du péril dans lequel
ils se sentent engagés. On a vu l'Allemagne le retour-
ner, non sans habileté, contre la Russie. On a fondé
une université polonaise à Varsovie. On courtise le
polonisme. La Hakatisme a été provisoirement ré-
pudié (1). Les empereurs ont promis à la Pologne le
rétablissement de son autonomie. Il y a mieux : on
a vu s'ébaucher le projet, vague et gigantesque, d'une
fédération slave destinée à servir d'Etat-tampon entre
le Germanisme et la Russie. On lui attribue par la
pensée un territoire qui, dépassant celui de l'ancienne
république polonaise au temps de sa splendeur,
s'étendrait de Riga à Odessa. On est allé jusqu'à pro-
mettre à la Petite-Russie une autonomie qu'elle ne
semble nullement revendiquer contre ses empereurs.
Ces jeux d'esprit diplomatiques, qui sont tout à fait
dans la tradition de Bismarck, attestent l'ascendant
exercé sur l'opinion que l'on veut duper par le principe auquel on rend un hommage hypocrite.

En France l'opinion populaire, surexcitée par une
presse plus zélée que compétente, admet difficilement
que cette guerre, qui a fait de nos régions frontières
un immense camp retranché, soit avant tout une
lutte pour la réorganisation du monde oriental. Et
cependant la marche même des événements politiques
et militaires, surtout depuis le printemps de 1915,

____

(1) On sait que l'on a désigné abréviativement la politique de
l'*Ostmarkenverein*, association pangermaniste, fondée en 1894 par
Hansemann, Kennemann et Tiedemann (voir page 36).

peut en convaincre les plus sceptiques. Tandis qu'en Occident les armées s'immobilisent réciproquement, en Orient, l'on voit, de la Duna au Danube, à la mer Egée, aux lacs d'Arménie, aux grands fleuves de l'ancienne Assyrie, au canal de Suez, se développer les grandes opérations stratégiques et navales. Tandis que l'Occident forme un bloc démocratique et libéral, fermement uni contre l'impérialisme et mettant en commun les joies et les tristesses comme la bourse, les armes et les munitions, les manœuvres obliques de la diplomatie réussissent en Orient à opposer les gouvernements aux vœux des peuples et à rendre chaque jour le lendemain plus incertain et les pronostics plus malaisés.

Les Impériaux ont donc pu mettre à profit l'incohérence orientale, la faiblesse de la conscience juridique chez des peuples dont les grands-pères n'étaient encore que des raïas, conservant sous le despotisme des pachas, des coutumes domestiques qui les rapprochaient des clans indo-européens primitifs (tels qu'ils subsistent encore en Albanie) bien plus que des Etats modernes. Les succès temporaires, remportés par les armes et la diplomatie de l'Allemagne et de l'Autriche, confirment une vérité bien connue de la sociologie juridique et qu'elle doit désormais tâcher d'inculquer à la politique : c'est que le droit international est le terme du processus juridique intégral et ne peut pousser ses racines ailleurs que dans un droit constitutionnel qui lui-même émerge d'un droit privé capable d'accorder les droits de l'individu avec ceux de la communauté (1).

(1) Cette conclusion nous parait résulter de l'œuvre entière de Sumner Maine, dont la gloire est destinée à grandir à me-

Les progrès apparents d. germanisme dans les Balkans ne peuvent avoir d'autre effet que d'aggraver ce conflit latent entre la Prusse et la Russie qui est à l'origine des hostilités. De l'effort que pourra encore faire la Russie dépendent l'issue de la guerre, la conservation ou la disparition de l'Autriche, celle de l'Empire ottoman et enfin la résurrection des petites nations slaves... Si difficile que puisse être un jugement équitable, il semble bien que la Russie n'ait pas donné toute sa mesure et qu'une fois de plus l'absolutisme se soit montré médiocre éducateur de l'énergie nationale. Cependant les ressources

sure que se poursuit méthodiquement l'enquête sociologique sur le droit. — On sait que Maine a terminé sa carrière par une étude des problèmes du droit international dont un livre posthume (*Le droit international, la guerre*), nous a fait connaître les fruits (1). Il s'y sépare autant du darwinisme social, qui voit dans la guerre une condition du progrès, que du pacifisme utopique de certains « positivistes » portés à croire la phase de la guerre et du militarisme entièrement dépassée. De longue date, Maine avait accoutumé ses lecteurs à accepter deux idées qui ont encore aujourd'hui toute leur valeur. La première est celle de l'analogie que la procédure et le droit contractuel primitifs présentent avec le droit international contemporain, la seconde est que le *droit de nature et des gens*, inauguré par Grotius au xviie siècle, n'a été d'abord que l'extension des principes du droit romain aux relations des peuples civilisés. Si l'on ajoute que pour lui le droit romain est par excellence la forme de passage du droit aryen primitif au droit moderne et que le droit civil et constitutionnel de l'Angleterre a été depuis, la principale source de la démocratie moderne, on voit que la constitution du droit international n'a rien d'une utopie que contredirait l'histoire. Elle est l'achèvement normal, mais particulièrement laborieux d'un processus juridique qui a commencé avec l'aube de la civilisation.

(1) Traduction française, Ernest Thurin, Paris, 1890.

de la Russie sont encore considérables et son patriotisme est intact.

Les armées allemandes occupent en dehors des frontières de l'Empire d'immenses territoires, une superficie, dit-on, de 410.000 kilomètres carrés, peuplée de 34.000.000 d'hommes, presque le territoire et la population de la France (1). Cependant, à l'exception de quelques groupes de patriotes surchauffés, personne en Allemagne ne se promet plus cette victoire d'où devait dater la réorganisation de l'Europe d'après le plan de la science allemande, en réduisant les autres peuples au rôle de collaborateurs subordonnés auxquels on laissait provisoirement leur langue et leur culture, avec l'espoir avoué qu'ils y renonceraient bientôt d'eux-mêmes.

Si la société allemande n'a pu réorganiser l'Europe, c'est qu'elle doit se réorganiser elle-même pour échapper aux conséquences d'une contradiction qu'elle porte dans sa constitution intime.

Nous nous sommes efforcé de montrer que cette guerre, dont chaque groupe de puissances rejette la responsabilité sur l'autre, tire sa véritable origine d'un conflit interne entre une tendance démocratique commune à l'Allemagne et aux autres nations modernes, même de souche germanique et un parasitisme aristocratique qui est proprement prussien. La noblesse prussienne, servie par des universitaires domestiqués, a contraint l'Empire à engager la guerre avec l'espoir de résoudre le conflit en sa faveur et d'arrêter ainsi l'évolution sociale et économique qui la condamne à disparaître.

Or, le conflit intérieur à l'Allemagne était lié par

(1) Ceci est écrit le 1er février 1916.

les antécédents historiques à la situation de l'Orient, à la difficulté d'instituer, sur les ruines de l'Empire ottoman et la transformation inévitable de l'Autriche, un ordre juridique et politique un peu stable, susceptible de s'harmoniser avec la démocratie occidentale et le droit international qui tend à la compléter.

La question d'Orient, c'est de savoir s'il est possible d'établir un rapport harmonique entre l'évolution des peuples slaves et la culture intellectuelle, morale et juridique de l'Occident. L'ascension de ces peuples est indéniable. Elle aura été, autant que la démocratie, le grand fait politique du XIXe siècle. Longtemps ces deux tendances parallèles ont paru se contrarier, mais la constitution de petites démocraties comme la Serbie, mais surtout la série des transformations intérieures de la Russie, depuis l'abolition du servage, ont levé la contradiction. La difficulté de la question d'Orient ne réside donc plus dans le slavisme mais dans une série de désaccords qui enveniment ses rapports avec l'Occident, désaccord entre les Slaves et une Eglise grecque qui, sous le régime turc, les considérait volontiers comme des élèves indociles et qui a façonné le moderne Etat hellénique à son image, désaccord aussi entre le slavisme ou l'hellénisme et une nation roumaine que sa langue et ses origines séparent des Slaves autant que des Grecs et que sa situation géographique porte à redouter la puissance russe.

Néanmoins, quoique la réorganisation de l'Europe orientale, déjà presque entièrement libérée des Turcs, doive compter avec le temps et les exigences d'une éducation sociale toujours lente, il n'en résulterait pas pour le droit public de l'Europe un arrêt de développement si les puissances anciennement civilisées, oubliant leurs intérêts égoïstes, traitaient les Slaves, les Grecs et les Roumains comme le méritent l'avenir des premiers et le passé des autres.

Nous avons montré l'Allemagne et l'Autriche incapables de comprendre et de remplir ce rôle, vu la vieille complicité historique qui lie leur noblesse aux Magyars et aux Turcs, c'est-à-dire à la commune postérité des Huns. La lutte du slavisme contre le parasitisme allemand, magyar et turc nous a expliqué la solidarité qui a uni sa cause à celle de la démocratie occidentale.

La lutte ne pourra finir que par l'incorporation définitive des Slaves à l'Europe moderne, ce qui suppose que ces Etats et surtout le plus grand d'entre eux adapteraient leur régime politique intérieur aux exigences de la véritable conscience européenne. La garantie de leur accord avec l'Occident serait une reconstitution du droit public de l'Europe ou, pour mieux dire, un progrès décisif du droit international.

En effet, quelle que soit finalement l'issue de la guerre, sa marche aura prouvé, contre Ostwald et son école, que l'on ne peut organiser la société européenne comme on monte un appareil mécanique et que la sociologie appliquée n'a pas grande lumière à recevoir des sciences physiques. La connaissance des lois de la force ne lui sert de rien si elle fait table rase de la première et de la plus importante des données de l'histoire sociale, l'idée du droit.

L'Europe libérale luttera jusqu'au dernier homme et jusqu'au dernier souffle, selon le mot de Kitchener, plutôt que de se laisser imposer l'organisation allemande, car elle n'y retrouverait pas ce minimum de droit sans lequel, aux yeux de la moyenne de ses membres, la vie ne vaut pas la peine d'être vécue. Les derniers philosophes allemands de l'école Kantienne, les Stammler, les Natorp, les Staudinger ont enseigné qu'une coopération sans droit est un non-sens, une monstruosité, une impossibilité sociale. C'est néanmoins de cette monstruosité que l'impérialisme allemand voudrait faire accoucher la civilisation européenne.

La guerre aura prouvé que la conscience du droit international se réveille chez les peuples libres avec d'autant plus d'énergie que ses principes sont plus gravement transgressés. L'Allemagne en aura fait l'expérience. Elle aura vu ce qu'il en coûte à la colonisation, au commerce extérieur, à l'industrie, à l'agriculture, aux finances, à la population, bref à toutes les forces productives d'une nation quand elle foule aux pieds ses engagements et renie sa signature (1). Les violences qu'elle a exercées sur de petits

(1) En 1902 Jastrow, professeur à l'Université de Berlin, dans un ouvrage que nous avons plusieurs fois cité, sur *la Politique sociale et la Science administrative*, était amené à étudier les rapports de la mobilisation et de la démobilisation avec le marché du travail. A ce propos, il évalue à 4 millions d'hommes la puissance militaire de l'Allemagne et à 3 millions le nombre de ceux qui seraient réellement mobilisables. Sur cet effectif, il faudrait d'après lui que l'administration, à l'issue de la guerre, se préoccupât de replacer dans l'industrie 1 million d'ouvriers (en évaluant à 1.500.000 les mobilisés qui ont dans la société un emploi fixe). L'économiste de Berlin se dit effrayé de la crise qui en résulterait pour le marché du travail (1). —

(1) *Sozialpolitik und Verwaltungswissenschaft*, § 360, et seq.

peuples à sa merci ne la vengent pas des humilia-
tions que lui ont été infligées par des Etats hors de ses
atteintes, tels que le Japon et les Etats-Unis, humi-
liations telles qu'aucune nation moderne n'en a jamais subi d'aussi grandes. Ses publicistes s'inquiètent
déjà de la haine qui l'entoure et l'enserre plus sûrement qu'une muraille de canons, de baïonnettes et de
cuirassès.

Cette expérience peut instruire d'autres nations
que l'Allemagne. Le plus triste résultat de cette
guerre inexpiable serait d'affaiblir dans la conscience
des peuples qui relevèrent le gant de l'Allemagne en
1914 cette idée de la valeur du droit universel qui a
été le grand ressort de leur résistance. Qu'on raille
autant qu'on le voudra les pacifistes, leur candeur,
leur confiance naïve en la puissance des idées morales,
leur dédain imprudent de la force militaire : il n'en
reste pas moins vrai que leurs groupements, leurs
programmes, leurs congrès, leurs conférences inter-
parlementaires contenaient ou exprimaient la plus
belle espérance de l'humanité. Le droit présente un
double aspect. S'il exprime d'un côté l'autonomie
pour les peuples comme pour les individus, il

Nous n'avons aucune raison de croire que Jastrow ait pu se
tromper dans ses calculs à la date où il s'y livrait. Il en résulte
que l'organisation du travail en Allemagne serait profondément
bouleversée : 1° par la mobilisation de 3 millions d'hommes;
2° par des pertes qui ne dépasseraient pas 500.000 hommes.
Or il est certain qu'au cours des années 1914 et 1915 : 1° l'Allemagne a mobilisé au moins 10 0/0 de sa population, soit.
7 millions d'individus; 2° qu'elle en a perdu en tués, blessés,
disparus, environ 3 millions. On peut juger de l'étendue et
de la profondeur de la crise qui menace sa puissance produc-
ive, même au cas où l'issue de la guerre lui serait favorable.

exprime de l'autre l'ordre juridique, ce que le Moyen Age nommait *Pax Regis*, et par suite, la coopération pacifique pour la Société des nations comme pour la Société nationale. Il est étrange que les hommes d'autorité, si portés à restreindre et à mettre en doute le principe d'autonomie, à l'intérieur de la nation, quand il profite à l'individu, à la commune ou à l'association professionnelle, ne veuillent plus voir que lui dès qu'il profite à la nation. Comme si toute constitution juridique de la Société des nations, en dépréciant quelque peu la force matérielle, menaçait par là même leurs principes moraux ou leurs intérêts !

Les principes du droit international le plus avancé sont justifiés aux yeux de leurs adhérents par l'histoire même des origines de cette Entente qui, quoiqu'il puisse désormais advenir, aura déjoué les projets de la Monarchie universelle. M. Gaston Moch, dans son *Histoire sommaire de l'arbitrage*, avait réuni, sans intention croyons-nous, un groupe de faits de nature à convaincre les plus sceptiques (1). L'Entente anglo franco-russe est littéralement la fille de l'arbitrage international. En 1873, l'idée d'arbitrage, jusque-là purement américaine, commença à passer en Europe, avec la célèbre affaire de l'Alabama, où une sentence arbitrale permit aux Etats-Unis et à l'Angleterre d'éviter la guerre. Quelques années plus tard la Chambre des communes votait une motion en faveur de la conclusion de traités permanents d'arbitrage. Vers 1880 l'Italie eut pour ministre des affaires étrangères un théoricien notoire du droit international,

(1) Gaston MOCH, *Histoire sommaire de l'arbitrage permanent*. Monaco. Institut international de la paix, 1910.

Mancini, qui réussit à faire insérer la clause arbitrale dans un certain nombre de traités de commerce. Cependant, malgré l'appui des sociétés de la paix, l'idée ne faisait pas de progrès bien visibles quand en 1898 Nicolas II surprit le monde en la prenant sous sa protection. Les deux circulaires de son ministre Mourawieff font époque. La première, le 24 août 1898, déclarait « que le maintien de la paix générale et une réduction possible des armements excessifs se présentait comme l'idéal auquel devaient tendre les efforts de tous les gouvernements. Elle concluait en convoquant les puissances à une conférence qui rassemblerait en un puissant faisceau les efforts de tous les Etats qui cherchent sincèrement à faire triompher la grande conception de la paix universelle sur les éléments de trouble et de discorde et cimenterait leurs accords par une consécration solidaire des principes d'équité et de droit sur lesquels reposent la sécurité des Etats et le bien-être des peuples ». Le 11 janvier 1899, une seconde circulaire donnait plus de précision à ces principes sans aller plus loin d'ailleurs que l'arbitrage facultatif dans le but de prévenir les conflits armés entre nations. La Conférence eut lieu à La Haye du 18 mai au 28 juillet 1899 et aboutit à l'organisation d'une cour d'arbitrage qui fut constituée en avril 1901.

On sait que cette cour fut d'abord délaissée par les gouvernements qui ne lui déféraient aucun litige. Il se trouva cependant un chef d'Etat pour la tirer de l'oubli : ce fut le président Roosevelt qui lui soumit en 1902 une contestation financière avec le Mexique. Dès lors le charme était rompu. En 1902 la France recourait à la Cour de la Haye pour régler avec l'Angleterre l'irritante question du droit de visite. En 1903 les deux gouvernements signaient un traité d'arbitrage général pour une durée de cinq années et s'y engageaient à déférer à la Cour les questions qui n'auraient pas pu être résolues par la voie des négociations diplomatiques. C'était le prélude des traités qui depuis ont réglé les différends coloniaux et rendu possible l'Entente cordiale. En 1905, l'application du principe de l'arbitrage évitait la guerre entre l'Angleterre et la Russie, dans l'affaire dite des pêcheurs de Hull, au début du conflit russo-japonais. En cas contraire, quel eût été l'avenir réservé à la Triple Entente ? Ajoutons qu'en 1909 une sentence arbitrale de la même cour dans l'affaire dite des déserteurs de Casablanca a prévenu un conflit prématuré entre la France et l'Allemagne où la première eût peut-être été isolée. En 1912, le recours au même principe a rendu impossible un différend entre la France et l'Italie dans les affaires du *Carthage* et du *Manouba*. Il n'y a rien d'excessif à dire que l'initiative de Nicolas II a réellement inauguré dans le monde une ère nouvelle du droit international. L'institution de la cour d'arbitrage a créé un signe qui suffit à distinguer les nations pacifiques de celles qui forment des plans de conquête et d'agression. Les premières se reconnaissent à ce qu'elles sont prêtes à soumettre leurs revendications à une enquête juridique et à s'incliner devant une sentence, les autres à ce qu'elles en appellent d'emblée à la force des armes. Les premières sont tacitement alliées contre les autres : elles forment les premiers éléments d'une véritable société juridique des nations.

Ainsi, à mesure que progressait l'idée d'arbitrage, l'Allemagne rencontrait une résistance plus grande

à ses plans, à sa politique mondiale et continentale
et lui opposait les maximes féroces de ses écrivains
militaires et des théoriciens du darwinisme social.
Mais déjà l'on pouvait la comparer au cheval sauvage
qui se cabre sous le lasso qui l'a saisi à la gorge. Son
insurrection latente contre la politique d'arbitrage où
elle ne voyait pour elle qu'un « encerclement » l'a
conduite aux ultimatums de juillet 1914 suivis de la
violation des traités de neutralité. L'effet en a été cet
encerclement plus complet, plus systématique, plus
général qu'ont exprimé les deux pactes de Londres
du 4 septembre 1914 et du 30 novembre 1915. Désormais du Pacifique à l'Atlantique, du Canada à la
Nouvelle-Zélande, les représentants de six cents
millions d'hommes se sont juré aide et protection.
Napoléon lui-même n'eut pas à lutter contre une
coalition si formidable. Est-ce témoigner d'un esprit
utopique que de voir dans le pacte de Londres la
forme embryonnaire d'une fédération juridique de
l'humanité dont un ordre international nouveau doit
sortir, un ordre juridique fondé sur l'autonomie des
nations avec l'arbitrage obligatoire et sanctionné pour
garantie ?

La guerre ne ramènera donc pas la démocratie et le
droit public de l'Europe au point où elle les a trou-
vés.

La victoire des alliés serait celle du principe de l'autonomie nationale ; en d'autres termes, ce principe qui
n'avait triomphé un instant au traité de Zurich en
1859 que pour subir un recul durable après les traités
de Francfort et de Berlin, deviendrait la véritable
charte du droit public européen, en sorte que le droit
international serait mis en harmonie avec le droit

constitutionnel en vigueur déjà dans la plupart des Etats.

L'Europe aurait donc, comme les nations qui la composent, une organisation démocratique, reposant sur les principes de la loi consentie, de la publicité et de l'arbitrage et permettant de chercher dans la paix la solution approchée de tous les problèmes que posent les rapports du capital et du travail, problèmes internationaux au premier chef.

La victoire des Impériaux aurait-elle pour conséquence une réorganisation conforme au type opposé, déduite du principe de subordination et soumettant l'Europe à un impéralisme à la fois politique, économique et militaire ?

Sans trop de présomption, nous répondons non. La victoire des empires du centre ne peut être que la désorganisation définitive de l'Europe et l'extinction de la civilisation européenne qui devrait se rallumer dans quelque autre foyer.

Passons sur la résistance que tenterait d'opposer à l'impéralisme la démocratie qui persisterait, à un point de vue tout formel, dans le régime intérieur des petits peuples, restés impénitents dans leur imprévoyante neutralité. Il est aisé de voir que cette résistance ne serait ni efficace ni de longue durée. Les petites démocraties neutres seraient destinées à finir sans gloire et la liberté politique aurait chez elles le même sort qu'en Grèce. Jamais dans le passé l'on n'a vu une puissance conquérante et expansive tolérer longtemps un type politique opposé au sien. Après la défaite et l'abaissement de la France, de l'Angleterre et de l'Italie, les petits Etats démocratiques, tels que la Suisse, ou même les petites monarchies parlementaires verraient les agents de l'Allemagne leur imposer, directement ou indirectement, la transformation de leur régime intérieur. Au moindre signe de résistance, l'Empereur ferait le geste de tirer l'épée. Chez les peuples où la liberté politique n'est encore qu'en germe, l'absolutisme reprendrait inévitablement l'ascendant.

Notre véritable raison de nier la possibilité d'une organisation impérialiste du monde moderne se tire de l'impuissance qu'éprouverait le régime allemand à dépasser les limites du continent européen. L'empire britannique ne serait pas anéanti. Tout au plus, le centre en serait-il déplacé et transporté au Canada, au Cap ou en Australie. Une solidarité étroite rattacherait désormais les colonies autonomes de l'Angleterre (et sans doute l'Angleterre elle-même) au continent américain. Au lieu d'une seule civilisation, il y en aurait désormais deux dans le monde, deux civilisations séparées par un abîme et incapables de coopérer, la civilisation américaine, démocratique et pacifique, quoique instruite par l'événement à mieux préparer sa défense, et la civilisation (sinon la barbarie) européenne qui serait à l'autre ce que l'Asie fut à l'Europe après que les Mongols et les Turcs y eurent fait prévaloir leur régime sur des civilisations supérieures et plus humaines.

Une répétition du blocus continental, voilà tout ce qui pourrait résulter de la victoire de l'Allemagne. Elle serait donc contrainte à provoquer bientôt à un duel gigantesque les continents restés indépendants de l'impérialisme. Dès lors il lui faudrait compter sur le concours de nations frémissant sous son joug, comme Napoléon, marchant contre la Russie, devait faire fond sur les armées de la Prusse et de l'Autriche. Ses adversaires auraient l'appui anticipé des Slaves et des Latins réduits à l'hilotisme, mais pleins des souvenirs de leur indépendance et de leur grandeur. La lutte qu'elle engagerait alors serait encore plus menaçante pour elle que celle qui lui fait courir tant de risques aujourd'hui.

Après cette nouvelle guerre l'Europe, libérée sans doute, serait pour des siècles épuisée, exsangue, aussi incapable de compter dans une branche quelconque de la culture que ne compte aujourd'hui l'Egypte ou la Syrie.

« Toute force s'épuise, écrivait il y a vingt-cinq ans M. Lavisse, au terme d'un essai sur l'histoire politique de l'Europe. La faculté de conduire l'histoire n'est point une propriété perpétuelle. L'Europe qui l'a héritée de l'Asie il y a 3.000 ans ne la gardera peut-être pas toujours » (1).

Tout l'effort du pangermanisme aurait été de hâter l'heure où s'exécuterait cet arrêt du destin. Le pis qu'il pourrait arriver à la nation qui l'a toléré et dont il est la honte ne serait-ce pas de réussir ?

Février 1916.

(1) *Vue générale d'une histoire politique de l'Europe*, p. 239, 1890.

SAINT-AMAND (CHER). — IMPRIMERIE BUSSIÈRE

EXTRAIT
DU CATALOGUE GÉNÉRAL DES OUVRAGES DU FONDS

BIBLIOTHÈQUES
COLLECTIONS ET REVUES

ÉDITÉES PAR

M. GIARD & É. BRIÈRE

LIBRAIRES-ÉDITEURS

16, RUE SOUFFLOT ET 12, RUE TOULLIER

PARIS (V°)

1913-1914

Envoi franco aux prix marqués sur ce Catalogue

BIBLIOTHÈQUE INTERNATIONALE DE DROIT PUBLIC

PUBLIÉE SOUS LA DIRECTION DE Gaston Jèze

Honorée de souscriptions du Ministère de l'Instruction publique

☞ Les volumes de cette Bibliothèque se vendent aussi reliés avec une augmentation de 1 fr. pour la série in-8 et o fr. 5o pour la série in-18

BRYCE (J.). — **La république américaine.** Préface de E. Chavegrin. *2e édition revue et augmentée*, 5 vol. in-8 : Tome I : Le Gouvernement national ; Tome II : Le Gouvernement des Etats ; Tome III. Le système des partis : l'Opinion publique ; Tome IV et V : Les institutions sociales. 1912-1913. 5 vol. in-8. brochés ..   60 fr. ⋅

LABAND (P.). — **Le droit public de l'empire allemand.** Edition française. Préface de F. Larnaude. Trad. de Gandilhon, Lacuire, Vulliod, Jadot et Bouyssy. 1900-1904. 6 vol. in-8. br.   60 fr. ⋅

DICEY (A.-V.). — **Introduction à l'étude du droit constitionnel.** Préface de A. Ribot. Trad. A. Batut et G. Jèze. 1902. 1 vol. in-8. broché. .... 10 fr. ⋅

WILSON (W.). — **L'Etat,** avec une préface de L. Duguit. Trad. de J. Wilhelm. 1902. 2 vol. in-8. brochés................ 20 fr. ⋅

1

HAMILTON (A.), J. JAY, et J. MADISON. — Le fédéraliste, nouvelle édition française, par G. Jèze, avec une préface de A. Esmein. 1902. 1 vol. in-8, broché .... 14 fr. ▸

KORKOUNOV (N.-M.). — Cours de théorie-générale du droit. Préface de F. Larnaude. Trad. française de J. Tchernoff. 1903. 1 vol. in-8 broché... 10 fr. ▸

KOVALEWSKY (M.). — Les institutions politiques de la Russie. Trad. française, par M. Derocquigny. 1903. 1 vol. in-8. broché.   7 fr. 50

ANSON (Sir R.). — Loi et pratique constitutionnelle de l'Angleterre, Trad. Gandilhon. 1903-1905. 2 vol. in-8 :
Tome I : *Le Parlement.* 1903. 1 vol. in-8. broché.....   10 fr. ▸
Tome II : *La Couronne.* 1905. 1 vol. in-8. broché.....   10 fr. ▸

MAYER (Otto). — Le droit administratif allemand, édition française par l'auteur. 1903-1906. 4 vol. in-8...................   32 fr. ▸

NITTI (F.-S.). — Principes de science des finances, avec une préface de A. Wahl. Trad. de J. Chamard. 1904. 1 vol. in-8, broché.   12 fr. ▸

CURTI (Th.). — Le referendum, histoire de la législation populaire en Suisse. Trad. J. Ronjat, 1905, 1 vol. in-8, broché.......   10 fr. ▸

DICEY (A.-V.). — Leçons sur les rapports entre le droit et l'opinion publique en Angleterre au cours du XIX° siècle. Préface de A. Ribot. Trad. de A. Batut et G. Jèze. 1906. 1 vol. in-8, broché..   12 fr. ▸

MOREAU (F.) et DELPECH (J.). — Les règlements des Assemblées législatives. Préface de Ch. Benoist. 1906-1907. 2 vol. in-8, brochés .... 30 fr. ▸

GOODNOW (F.-G.). — Les principes du droit administratif des Etats-Unis. Trad. A. et G. Jèze. 1907. 1 vol. in-8, broché ....   12 fr. ▸

STUBBS (W.). — Histoire constitutionnelle de l'Angleterre, avec introduction, notes et études de Ch. Petit-Dutaillis. 2 vol. in-8. Trad. par G. Lefebvre.
Tome I. 1907. 1 vol. in-8 broché...................   10 fr. ▸
Tome II. 1913. 1 vol. in-8, broché...................   16 fr. ▸

ERRERA (P.). — Traité de droit public belge. 1909. 1 fort volume in-8, broché ....   12 fr. 50

NERINCX (Alf.). — L'organisation judiciaire aux Etats-Unis. 1909. 1 vol. in-8, broché...   10 fr. ▸

MAY (Erskine). — Traité des lois, privilèges, procédures, et usages du Parlement. 1909. 2 vol. in-8, brochés ....   25 fr. ▸

LOWELL (A.-L.). — Le gouvernement de l'Angleterre. Trad. de
A. Nerincx, 2 vol. in-8 :
Tome I. 1910. 1 vol. in-8, broché.................... 15 fr.   »
Tome II. 1910. 1 vol. in-8, broché................. 15 fr.   »

REDLICH (J.). — Le gouvernement local en Angleterre. Trad. Oualid,
1911. 2 vol in-8 :
Tome I : 1911. 1 vol. in-8, broché.................. 12 fr.   »
Tome II : 1911. 1 vol. in-8, broché.................. 12 fr.   »

JELLINEK (G.). — L'Etat moderne et son droit. Trad. Fardis, 1911-
1913. 2 vol. in-8 :
Tome I : Doctrine générale. 1911. 1 vol. in-8, broché.   12 fr.   »
Tome II : Théorie juridique. 1913. 1 vol. in-8, broché.   12 fr.   »

SÉRIE IN-18 :

TODD (A.). — Le gouvernement parlementaire en Angleterre. Traduit
sur l'édition anglaise de Spencer Walpole, avec une préface de Casi-
mir-Périer. 1900. 2 vol. in-18, brochés............... 12 fr.   »

WILSON (W.). — Le gouvernement congressionnel, avec une préface
de Henri Wallon. 1900. 1 vol. in-18, broché .... 5 fr.   »

JENKS (Edward). — Esquisse du gouvernement local en Angleterre.
Trad. J. Wilhelm. Préface de H. Berthélemy. 1902. 1 vol. in-18,
broché. .... 5 fr.   »

DICKINSON (G.-L.). — Le développement du Parlement pendant le
XIXe siècle. Trad. et préface de M. Deslandres. 1906. 1 vol. in-18
broché .... 5 fr.   »

OPPENHEIMER. (F.) — L'Etat, ses origines, son évolution et son
avenir. Trad. de l'allemand par M. W. Horn. 1913. 1 vol. in-18
broché .... 4 fr.   »

BIBLIOTHÈQUE INTERNATIONALE D'ÉCONOMIE POLITIQUE
PUBLIÉE SOUS LA DIRECTION DE **Alfred Bonnet**

Honorée de souscriptions du Ministère de l'Instruction publique

☞ Les volumes de cette Bibliothèque se vendent aussi reliés avec une augmentation de 1 fr. pour la série in-8 et o fr. 5o pour la série in-18

SÉRIE IN-8° :

COSSA (Luigi). — Histoire des doctrines économiques. Trad. Alfred Bonnet. Préface de A. Deschamps. 1899. 1 vol. broch. (I)   (*Epuisé*)

ASHLEY (W.-J.). — Histoire et doctrines économiques de l'Angleterre. Trad. Bondois et Bouyssy. 1900. 2. vol. brochés (II-III).   15 fr. ▸

SÉE (H.). — Les classes rurales et le régime domanial au moyen-âge en France. 1901. 1 vol. broché (IV).................   12 fr. ▸

WRIGHT (C.-D.). — L'évolution industrielle des Etats-Unis. Trad. F. Lepelletier. Préf. de E. Levasseur. 1901. 1 vol. br. (v)   7 fr. ▸

CAIRNES (J.-E.). — Le caractère et la méthode logique de l'économie politique. Trad. G. Valran. 1902. 1 vol. broché (VI) ...   5 fr. ▸

SMART (W.). — La répartition du revenu national. Trad. G. Guéroult. Préface de P. Leroy-Beaulieu. 1902. 1 vol. broché (VII).   7 fr. ▸

SCHLOSS (David). — Les modes de rémunération du travail. Trad. Charles Rist. 1902. 1 vol. broché (VIII)..............   7 fr. 50

SCHMOLLER (G.). — Questions fondamentales d'économie politique et de politique sociale. 1902. 1 vol. broché (IX)......   7 fr. 50

BOHM-BAWERK (E.). — Histoire critique des théories de l'intérêt du capital. Trad. Bernard. 1902. 2. vol. brochés (X-XI) ...   14 fr. ▸

PARETO (Vilfredo). — Les systèmes socialistes. 1902. 2 volumes brochés (XII-XIII)...................................   *Epuisé*

LASSALLE (F.). — Théorie systématique des droits acquis. Avec préface de Ch. Andler. 1904. 2 vol. brochés (XIV-XV).......   20 fr. ▸

RODBERTUS-JAGETZOW (C.). — Le capital. Trad. Chatelain. 1904. 1 vol. broché (XVI). ....   6 fr. ▸

LANDRY (A.). — L'intérêt du capital. 1904. 1. vol. br. (XVII)   7 fr.

PHILIPPOVICH (E.). — **La politique agraire.** Traduit par S. Bouyssy, avec préface de A. Souchon, 1904. 1 vol. broché (XVIII) .... 6 fr.   »

DENIS (Hector). — **Histoire des systèmes économiques et socialistes**
Tome I : *Les Fondateurs.* 1904. 1 vol. broché (XIX)....   7 fr.   »
Tome II : *Les Fondateurs* (fin). 1907. 1 vol. broché (XX)   10 fr.   »

WAGNER (Ad.). — **Les fondements de l'économie politique :**

Tome I. Trad. Polack, 1904. 1 vol. broché (XXII)....   10 fr.   »
Tome II. Trad. K. L. 1909. 1 vol. broché (XXIII).....   12 fr.   »
Tome III. Trad. K. L. 1913. 1 vol. broché (XXIV)......   10 fr.   »
Tome IV. Trad K. L. 1913. 1 vol. broché (XXV). . .   10 fr.   »
Tome V. Trad. Polack. 1913. 1 vol. broché (XXV bis)..   10 fr.   »
L'ouvrage complet : 5 vol. in-8 ....   52 fr.   »

SCHMOLLER (G.). — **Principes d'économie politique.** Traduit par G. Platon et L. Polack. 5 vol. 1905-08 (XXVI à XXX)....   50 fr.   »

PETTY (Sir W.). — **Œuvres économiques.** Trad. Dussauze et Pasquier. 1905. 2 vol. brochés (XXXI-II)............   15 fr.   »

SALVIOLI. — **Le capitalisme dans le monde antique.** Trad. A. Bonnet. 1906. 1 vol. br. (XXXIII)......................   7 fr.   »

EFFERTZ (O.). — **Les antagonismes économiques.** Introduction de Ch. Andler. 1906. 1 vol. broché (XXXIV).............   12 fr.   »

MARSHALL (A.). — **Principes d'économie politique.** 2 vol. in-8 :

Tome I. Trad. par Sauvaire-Jourdan. 1907. 1 vol. broché (XXXV)..   10 fr.   »
Tome II. Trad. par Sauvaire-Jourdan et Bouyssy. 1909. 1 vol. broché (XXXVI)................................   12 fr.   »

FONTANA-RUSSO (L.). — **Traité de politique commerciale.** Trad. F. Poli. 1908. 1 vol. in-8 broché (XXXVII) ....   14 fr.   »

CORNELISSEN (C.). — **Théorie du salaire et du travail salarié.** 1909. 1 fort vol. in-8, broché (XXXVIII)..................   14 fr.   »

JEVONS (W. Stanley). — **La théorie de l'économie politique.** Trad. H.-E. Barrault et M. Alfassa. 1909. 1 vol. in-8 br. (XXXIX),   8 fr.   »

PARETO (Vilfredo). — **Manuel d'économie politique.** Trad. de A. Bonnet. 1909. 1 vol. broché (XL)..................   12 fr. 50

CANNAN (Edwin). — **Histoire des théories de la production et de la distribution dans l'économie politique anglaise de 1776 à 1848.** Trad. par E. Barrault et M. Alfassa. 1910. 1 vol. in-8 broché (LXI)...   12 fr.   »

CLARCK (J.-B.). — Principes d'économique dans leur application aux problèmes modernes de l'industrie et de la politique économique. Traduction. W. Oualid et O. Léroy. 1911. 1 vol. in-8 broché (LXII) .... 10 fr. »

FISHER (I.). — De la nature du capital et du revenu. Trad. S. Bouyssy, 1911. 1 vol. in-8 broché (XLII).................... 12 fr. »

LORIA (A.). — La synthèse économique. Etude sur les lois du revenu. Trad. C. Monnet. 1911. 1 vol. in-8 broché (XLIII) ...... 12 fr. »

CARVER (Th. N.). — La répartition des richesses. Trad. R. Picard. 1913. 1 vol. in-8 broché (XLIV) .... 5 fr. »

WEBB (S. et B.). — La lutte préventive contre la misère. Trad. H. La Coudraie. 1913. 1 vol. in-8 (XLV), broché.............. 8 fr. »

HERSCH (L.). — Le Juif errant d'aujourd'hui. (40 tableaux statistiques et 9 diagrammes). 1913. 1 vol. broché (XLVI).... 6 fr. »

CORNELISSEN (Ch.). — Théorie de la valeur. 2ᵉ édition entièrement refondue. 1913. 1 vol. broché (XLVII) .... 10 fr. »

LEROY (M.). — La coutume ouvrière. Doctrines et institutions. 1913. 2 vol. brochés (XLVIII-IXL) .... 18 fr. »

KOBATSCH (R.). — La politique économique internationale. Trad. G. Pilati et A. Bellaco. 1913. 1 vol. in-8. broché (L) .. 12 fr. »

TOUGAN-BARANOWSKY (M.). — Les crises industrielles en Angleterre. Trad. par Schapiro. 1913. 1 vol. broché (LI)..... 12 fr. »

KAUFMAN (Dʳ-E.). — La Banque en France considérée principalement au point de vue des trois grandes banques de dépôts. Trad. et mis à jour par A. S. Sacker. 1 vol. broché (III). .... 14 fr. »

SÉRIE IN-18 :

MENGER (Anton). — Le droit au produit intégral du travail. Trad. A. Bonnet. Préface de Ch. Andler. 1900. 1 vol. broché (I)   3 fr. 50

PATTEN (S.-N). — Les fondements économiques de la protection. Trad. F. Lepelletier. Préface de P. Cauwès. 1889. 1 vol. broché (II)... 2 fr. 50

BASTABLE (C.-F.). — La théorie du commerce international. Trad. avec introd. par Sauvaire-Jourdan. 1900. 1 vol. br. (III)   3 fr. »

WILLOUGHBY (W.-F.). — Essais sur la législation ouvrière aux Etats-Unis. Trad. Chaboseau. 1903. 1 vol. broché (IV).. 3 fr. 50

DUFOURMANTELLE (M.). — Les prêts sur l'honneur. 1913. 1 vol. broché (V) .... 4 fr. »

SOUS PRESSE :

AUSPITZ et **LIEBEN**. — La théorie des prix........

BOHM-BAWERK. — La théorie positive du capital.....

FISHER. — Le pouvoir d'achat de la monnaie.........

WALSH. — Le problème fondamental de la monnaie.

ROSCHER (W.). — Politique industrielle. Mise à jour par Stieda,
2 vol. in-8.

ROSCHER (W.). — Politique commerciale. Mise à jour par Stieda,
2 vol. in-8.

BIBLIOTHÈQUE INTERNATIONALE DE DROIT PRIVÉ
ET DE DROIT CRIMINEL

PUBLIÉE SOUS LA DIRECTION DE **P. Lerebours-Pigeonnière**

Honorée de souscriptions du Ministère de l'Instruction publique

Les volumes de cette Bibliothèque se vendent aussi reliés avec un

augmentation de 1 franc

COSACK (C.), *professeur à l'université de Bonn.* — **Traité de droit
commercial.** Avec préface de Ed. Thaller, traduction de Léon Mis.
1905-7. 3 vol. in-8 :

    Tome   I : **Théorie générale.** 1905. 1 vol. in-8, broché.   8 fr. »
    Tome II : **Opérations.** 1905. 1 vol. in-8, broché ....   8 fr. »
    Tome III : **Sociétés, assurances terrestres et maritimes.** 1907.
    1 vol. in-8, broché............................. 10 fr. »
    L'ouvrage complet : 3 vol. in-8............. 26 fr. »

STEVENS (E.-M.) D. C. L. de Christ Church (Oxford). — **Eléments de
droit commercial anglais**, revus et corrigés par Herbert Jacobs, traduit par L. Escarti, avec introduction, par P. Lerebours-Pigeonnière. 1909. 1 vol. in-8, broché...................... 10 fr. »

LISTZ (Dr F. von), *professeur ordinaire de droit à Berlin.* — **Traité de
droit pénal allemand.** Traduit sur la 17e édition allemande (1908)
par R. Lobstein. 1910-1913. 2 vol. in-8 :
    Tome I : **Partie générale.** 1910. 1 vol. in-8   ...... 10 fr. »
    Tome II : **Partie spéciale.** 1913. 1 vol. in-8 .... 12 fr. »
    L'ouvrage complet : 2 vol. in-8............. 22 fr. »

VIVANTE (C.), *professeur ordinaire de droit commercial à l'université*

de Rome. — **Traité de droit commercial**, avec préface de M. Albert Wahl. 1910-1912. Traduction par Jean Escarra. 4 vol. in-8° :
  Tome   I : **Les commerçants** ;
  Tome II : **Les sociétés commerciales** ;
  Tome III : **Les Titres de crédit.**
  Tome IV : **Les obligations.**
    L'ouvrage complet : 4 vol. in-8°................ 112 fr. •

WIELAND (D. C.). — **Les droits réels dans le Code civil suisse.** Trad. et mis au courant par H. Bovay. 1913-1914. 2 vol. in-8. brochés .... 25 fr. •
  Tome I : 1913. 1 vol. in-8 .... *(Déjà paru).*

WIELAND (D. C.). — **Les droits réels dans le Code civil suisse**
 • Tome II : 1 vol. in-8......................... *(Sous presse).*

BIBLIOTHÈQUE SOCIOLOGIQUE INTERNATIONALE

PUBLIÉE SOUS LA DIRECTION DE René Worms

Honorée de souscriptions du Ministère de l'Instruction publique

☛ Les volumes I à XXX de la Collection peuvent aussi être achetés reliés avec une augmentation de 2 fr. et XXXI et suite avec une augmentation de 1 fr. seulement.

SÉRIE IN-8

WORMS (René). — Organisme et société. 1896. 1 vol. in-8 (i)   6 fr. •

LILIENFELD (Paul de). — La pathologie sociale. 1896. 1 vol. in-8 (ii)... 6 fr. •

NITTI (Francesco S.). — La population et le système social. 1897. 1 vol. in-8 (iii) .... 5 fr. •

POSADA (A.). — Théories modernes sur les origines de la famille, de la société et de l'état. 1896. 1 vol. in-8 (iv)............ 4 fr. •

BALICKI (S.). — L'Etat comme organisation coercitive de la société politique. 1896. 1 vol. in-8 (v) .... *(Épuisé).*

NOVICOW (J.). — Conscience et volonté sociales. 1897. 1 vol. in-8 (vi) .... 6 fr. •,

GIDDINGS (Franklin H.). — Principes de sociologie. 1897. 1 vol. in-8 (vii)... 6 fr. •

LORIA (A.). — Problèmes sociaux contemporains. 1897. 1 vol. in-8 (viii) .... 4 fr. •

VIGNES (M.). — La science sociale d'après les principes de Le Play et de ses continuateurs. 1897. 2 vol. in-8 (IX-X) .... 16 fr. »

VACCARO (M.-A.). — Les bases sociologiques du droit et de l'Etat. 1898. 1 vol. in-8 (XI) .... 8 fr. «

GUMPLOWICZ (L.). — Sociologie et politique. 1898. 1 volume in-8 (XII) .... 6 fr. »

SIGHELE (Scipio). — Psychologie des sectes. 1898. 1 volume in-8 (XIII) .... 5 fr. »

TARDE (G.). — Etudes de psychologie sociale. 1898. Un volume in-8 (XIV). .... 7 fr. »

KOVALEWSKY (M.). — Le régime économique de la Russie. 1898. 1 vol. in-8 (XV) .... 7 fr. » ·

STARCKE (C.). — La famille dans les diverses sociétés. 1899. 1 vol. in-8 (XVI) .... 5 fr. »

LA GRASSERIE (Raoul de). — Des religions comparées au point de vue sociologique. 1899. 1 vol. in-8 (XVII) .... 7 fr. »

BALDWIN (J.-M.). — Interprétation sociale et morale des principes du développement mental. 1899. 1 vol. in-8 (XVIII) .... 10 fr. »

DUPRAT (G.-L.). — Science sociale et démocratie. 1900. 1 vol. in-8 (XIX) .... 6 fr. »

LAPLAIGNE (H.). — La morale d'un égoïste ; essai de morale sociale. 1 vol. in-8 (XX) .... 5 fr. »

LOURBET (Jacques). — Le problème des sexes. 1900. 1 volume in-8 (XXI) .... 5 fr. »

BOMBARD (E.). — La marche de l'humanité et les grands hommes d'après la doctrine positive. 1900. 1 vol. in-8 (XXII) .... 6 fr. »

LA GRASSERIE (Raoul de). — Les principes sociologiques de la criminologie. 1901. 1 vol. in-8 (XXIII) .... 8 fr. »

POUZOL (Abel). — La recherche de la paternité. 1902. 1 volume in-8 (XXIV) .... 10 fr. »

BAUER (A.). — Les classes sociales. 1902. 1 vol.in-8 (XXV)   7 fr. »

LETOURNEAU (Ch.). — La condition de la femme dans les diverses races et civilisations. 1903. 1 vol. in-8 (XXVI) .... 9 fr. »

WORMS (René). — Philosophie des sciences sociales. 3 vol. in-8 :

Tome I. *Objet des sciences sociales.* 2ᵉ *édition.* 1913. 1 vol. (XXVII)....................................... 4 fr. »

Tome II. *Méthode des sciences sociales* 1903. 1 volume (XXVIII)...................................... 4 fr. »

Tome III. *Conclusion des sciences sociales* 1907. 1 volume (XXIX) .... 4 fr. »

RIGNANO (E.). — Un socialisme en harmonie avec la doctrine économique libérale. 1904. 1 vol. in-8 (xxx)..............,... 7 fr. »

NICEFORO (A.). — Les classes pauvres. Recherches anthropologiques et sociales. 1905. 1 vol. in-8 (xxxi) .... 8 fr. »

LESTER-WARD (F.). — Sociologie pure. 1906. 2 volumes in-8 (xxxii-iii) .... 16 fr. »

LA GRASSERIE (R. de). — Les principes sociologiques du droit civil. 1906. 1 vol. in-8 (xxxiv) .... 10 fr. »

CAIRD (Edw.). — Philosophie sociale et religion d'Auguste Comte. 1907. 1 vol. in-8 (xxxv).......................... 4 fr. »

BAUER (A.). — Essai sur les révolutions. 1908. 1 volume in-8 (xxxvi) .... 6 fr. »

SIGHELE (S.). — Littérature et criminalité. 1908. 1 volume in-8 (xxxvii) .... 4 fr. »

LACOMBE (P.). — Taine historien et sociologue. 1909. 1 volume in-8 (xxxviii)........................... 5 fr. »

KOVALEWSKY (M.). — La France économique et sociale à la veille de la Révolution. 1909-1911. 2 vol. :
    Tome I : *Les Campagnes.* 1909. 1 vol. in-8 (xxxix).. 8 fr. »
    Tome II : *Les Villes.* 1911. 1 vol. in-8 (xl).......... 7 fr. »

STEIN. — Le sens de l'existence. 1909. 1 vol. in-8 (xli)... 12 fr. »

MAUNIER (R.). — L'origine et la fonction économique des villes. 1910. 1 vol. in-8 (xlii)........................... 6 fr. »

BOCHARD (A.). — L'évolution de la fortune de l'Etat. 1910. 1 vol. in-8 (xliii)........................... 6 fr. »

SIGHELE (S.). — Le crime à deux. 1909. 1 vol. in-8 (xliv) 4 fr. »

CORNEJO. — Sociologie générale. 1911. 2 volumes in-8 (xlv-xlvi). .... 20 fr. »

LA GRASSERIE (R. de). — Les principes sociologiques du droit public. 1911. 1 vol. in-8 (xlvii) .... 10 fr. »

COMTE (Aug.). — Système de politique positive, condensé par Cherfils. 1912. 1 vol. in-8 (xlviii)........................... 12 fr. »

WORMS (René). — La sexualité dans les naissances francaises. 1912. 1 vol. in-8 (xlix) .... 5 fr. »

BAUER (A). — La Culture morale aux divers degrés de l'enseignement public. 1913. 1 vol. in-8° (l) .... 6 fr. »

SZERER (M). — La conception sociologique de la peine. 1914. 1 vol. in-8° (lii). .... 4 fr. »

MICHELS (R). — Amour et Chasteté. Essais sociologiques. 1914. 1 vol. in-8° (lii) .... 5 fr. »

SÉRIE IN-18 (volumes brochés) :

WORMS (René). — Principes biologiques de l'évolution sociale. 1910. 1 vol. in-18 (a) .... 2 fr. »

BALDWIN (J.-Mark). — **Psychologie et Sociologie.** 1 volume in-18 (B) .... 2 fr. ◦

OSTWALD (W.). — **Les fondements énergétiques de la science et de la civilisation.** 1910. 1 vol. in-18 (c) .... 2 fr. »

MAUNIER (R.). — **L'économie politique et la sociologie.** 1910. 1 vol. in-18 (D) .... 2 fr. 50

NOVICOW (J.). — **Mécanisme et limites de l'association humaine.** 1912. 1 vol. in-18 (E) .... 2 fr. »

ARREAT (L.). — **Génie individuel et contrainte sociale.** 1912. 1 vol. in-18 (F) .... 2 fr. ◦

BIBLIOTHÈQUE INTERNATIONALE
DE SCIENCE ET DE LÉGISLATION FINANCIÈRES

PUBLIÉE SOUS LA DIRECTION DE **Gaston Jèze**

Honorée de souscriptions du Ministère de l'Instruction publique

☛ Les volumes de cette Bibliothèque se vendent aussi reliés avec une augmentation de 1 franc

SELIGMAN (Edw. R.-A.). — **L'impôt progressif en théorie et en pratique.** Edition française revue et augmentée par l'auteur. Traduction de A. Marcaggi. 1909. 1 vol. in-8 : broché .... 10 fr. ◦

WAGNER (Ad.), *professeur à l'université de Berlin.* — **Traité de la science des finances.** Traduction de M. Vouters. 3 vol. :

    Tome I : **Théories générales : Le budget. Les besoins financiers. Les recettes d'économie privée.** 1909. 1 volume in-8 : broché .... 15 fr. ◦

    Tome II : **Théorie de l'imposition. Théorie des taxes et Théorie générale des impôts.** Traduction de Jules Ronjat. 1909. 1 vol. in-8 broché .... 15 fr. ◦

    Tome III : **Le Crédit public.** 1912. 1 vol. in-8, broché 8 fr. ◦

    Tomes IV et V : **Histoire de l'impôt depuis l'antiquité jusqu'à nos jours,** par Wagner et Deite. Traduction Bouché-Leclercq et Couzinet. 1913. 2 vol. in-8, brochés .... 24 fr. »

    L'ouvrage complet : 5 vol. in-8, brochés .... 60 fr. »

MYRBACH-RHEINFELD (Baron Fr. Von), *professeur à l'université d'Innsbruck.* — **Précis de droit financier.** Traduction française de Bouché-Leclercq. 1910. 1 fort vol. in-8 : broché .... 15 fr. ◦

SELIGMAN (Edw. R.-A.). — **Théorie de la répercussion et de l'incidence de l'impôt.** Edition française d'après la 3e édition américaine, Traduction par Louis Suret. 1910. 1 vol. in-8 : br.   15 fr. »

SELIGMAN (Edw. R.-A.) — **L'Impôt sur le Revenu.** Trad. par W. Oualid. 1913. 1 fort vol. in-8° broché ....   15 fr. »

SOUS PRESSE :

SELIGMAN. — Essais sur l'impôt, 2 vol.

ÉTUDES ÉCONOMIQUES ET SOCIALES

PUBLIÉES AVEC LE CONCOURS DU COLLÈGE LIBRE DES SCIENCES SOCIALES

Honorées de souscriptions du Ministère de l'Instruction publique

☛ Les volumes de cette Collection se vendent aussi reliés avec une augmentation de 1 fr. pour la série in-8 et o fr. 5o pour la série in-18

FARJENEL (F.). — **La morale chinoise.** Fondement des sociétés d'Extrême-Orient. 1906. 1 vol. in-8 (i), broché...   5 fr. »

MARIE (Dr A.). — **Mysticisme et folie.** (Etude de psychologie normale et de pathologie comparées. 1907. 1 vol. in-8 (ii), broché   6 fr. »

LEROY (M.). — **La transformation de la puissance publique.** Les syndicats de fonctionnaires. 1907. 1 vol. in-8 (iii), broché.   5 fr. »

BONNET (H.). — **Paris qui souffre. La misère à Paris. Les agents de l'assistance à domicile.** Avec une préface de M. Ch. Benoist. 1908. 1 vol. in-8 (iv), broché......................   5 fr. »

SICARD DE PLAUZOLLES (Dr). — **La fonction sexuelle.** 1908. 1 vol. in-8 (v) , broché............................   6 fr. »

LEROY (M.). — **La Loi.** Essai sur la théorie de l'autorité dans la démocratie. 1908. 1 volume in-8 (vi), broché.....   6 fr. »

RECLUS (Elie). — **Les croyances populaires.** La Survie des Ombres. Avec avant-propos, par Maurice Vernes. 1908. 1 volume in-8° (vii), broché...............................   5 fr. »

RYAN (G.-A.). — **Salaire et droit à l'existence,** traduction de L. Collin. 1909. 1 vol. in-8 (viii), broché............   8 fr. »

SERRIGNY. — **Conséquences économiques et sociales de la prochaine guerre,** avec préface de Frédéric Passy. 1909. 1 vol. in-8 (ix), broché ....   10 fr. »

BRUN (Ch.). — **Le Roman social en France au XIXe siècle.** 1910. 1 vol. in-8 (x), broché ....   6 fr. »

REGNAULT (Dr F.). — **La genèse des miracles.** 1910. 1 vol. in-8, (xi), broché ....   6 fr. »

VERNES (M.). — **Histoire sociale des religions.** I. Les religions occidentales. 1911. 1 volume in-8, (xi *bis*,) broché ...   10 fr.   »

MÉTHODES JURIDIQUES (Les). — Leçons faites par MM. Berthélemy, Garçon, Larnaude, Pillet, Tissier, Thaller, Truchy et Gény. Préface de P. Deschanel. 1911. 1 vol. in-8, (xii), broché   5 fr.   »

OLPHE-GALLIARD. — **L'organisation des forces ouvrières.** Avec préface de P. de Rousiers. 1991. 1 vol. in-8, (xiii), broché   8 fr.   »

AMBROSIO (M. Andrea d'). — **La passivité économique.** Premiers principes d'une théorie sociologique de la population économiquement passive. 1912. 1 vol. in-8, (xiv) broché ....   8 fr.   »

ŒUVRE SOCIALE DE LA TROISIÈME RÉPUBLIQUE (L'). — Leçons professées au Collège libre des Sciences sociales, par MM. Astier, *sénateur*. Godart, Groussier, Breton, F. Buisson, Borrel, Aubriot, Lemire, *députés*. Avec préface de Paul Deschanel. 1912. 1 vol. in-8, (xv), broché ....   5 fr.   »

LEFAS (A.). — **L'Etat et les fonctionnaires.** 1913. 1 vol. in-8 (xvii)....................................   10 fr.   »

SÉRIE IN-18 :

ATGER (F.). — **La crise viticole et la viticulture méridionale** (1900-1907). 1907. 1 vol. in-18, broché....................   2 fr.   »

BIBLIOTHÈQUE SOCIALISTE INTERNATIONALE

PUBLIÉE SOUS LA DIRECTION DE Alfred Bonnet

SÉRIE IN-8 :

WEBB (Béatrix et Sidney). — **Histoire du trade-unionisme.** 1897 Trad. Albert Métin. 1 volume in-8 (i) ....   10 fr.   »

KAUTSKY (Karl). — **La question agraire.** Etude sur les tendances de l'agriculture moderne. Trad. Edg. Milhaud et C. Polack. 1 volume in-8 (ii) ....   8 fr.   »

MARX (Karl). — **Le capital.** Traduit à l'Institut des sciences sociales de Bruxelles par J. Borchardt et H. Vanderrydt :

Livre II. — **Le procès de circulation du capital.** 1900. 1 vol. in-8 (iii)....................................   10 fr.   »

Livre III. — **Le processus d'ensemble de la production capitaliste.** 1901-1902. 2 vol. in-8 (iv-v)............   20 fr.   »

KAUTSKY (K.) — La politique agraire du parti socialiste. Trad. C. Polack. 1903. 1 vol. in-8 (vi) .... 4 fr. »

AUGÉ-LARIBÉ (M.). — Le problème agraire du socialisme. La viticulture industrielle du midi de la France. 1907. 1 volume in-8 (vii)............................. 6 fr. »

ENGELS (F.). — Philosophie. Economie politique. Socialisme (Contre Eugen Duhring). Trad. E. Laskine. 1911. 1 vol. in-8 viii) .... 10 fr· »

SÉRIE IN-18 :

DEVILLE (G.). — Principes socialistes. 1898. 2ᵉ édition. 1 volume in-18 (i)............................. 3 fr. 50

MARX (Karl). — Misère de la philosophie. Réponse à la philosophie de la misère de M. Proudhon. 1908. Nouvelle édit. 1 vol. in-18 (ii)............................. 3 fr. 50

LABRIOLA (Antonio). — Essais sur la conception matérialiste de l'histoire. Trad. A. Bonnet 2ᵉ édit. 1902. 1 volume in-18 (iii)   3 fr. 50

DESTRÉE (J.) et **VANDERVELDE (E.).** — Le socialisme en Belgique. 2ᵉ édition. 1903. 1 volume in-18 (iv) .... 3 fr. 50

LABRIOLA (Antonio). — Socialisme et philosophie. Trad. A. Bonnet. 1899. 1 vol. in-18 (v)............................. 2 fr. 50

MARX (Karl). — Révolution et contre-révolution en Allemagne. Trad. Laura Lafargue. 1900. 1 vol. in-18 (vi)........ 2 fr. 50

GATTI (G.). — Le socialisme et l'agriculture. Préface de G. Sorel. 1901. 1 vol. in-18 (vii)............................. 3 fr. 50

LASSALLE (F.). — Discours et pamphlets. Trad. V. Dave et L. Remy. 1903. 1 volume in-18 (viii) .... 3 fr. 50

LASSALLE (F.) — Capital et travail. 1904. Trad. V. Dave et L. Remy. 1 vol. in-18 (ix) .... 3 fr. 50

LAFARGUE (P.). — Le déterminisme économique de Karl Marx. 1909. 1 vol. in-18 (x) .... 4 fr. »

MARX (Karl). — Critique de l'économie politique, trad. Laura Lafargue. 1909. 1 vol. in-18 (xi).................. 3 fr. 50

TARBOURIECH (E.). — Essai sur la propriété. 1905. 1 volume in-18 (xii) .... 3 fr. 50.

BERTHOD (A.). — P.-J. Proudhon et la propriété. 1910. 1 vol. in-18 (xiii)............................. 3 fr. »

COLLECTION DES DOCTRINES POLITIQUES

PUBLIÉE SOUS LA DIRECTION DE A. Mater

☞ Les volumes de cette Collection se vendent aussi reliés avec une augmentation de o fr. 5o

CHEVALIER, LEGENDRE et **LABERTHONNIÈRE**. — Le catholicisme et la société. 1907. 1 volume in-18 (II), broché .   3 fr. 50

SABATIER (C.). — Le morcellisme. Avec introduction, par M. Faure. 1907. 1 vol. in-18 (III), broché ....   2 fr. »

BOUGLÉ (G.). — Le solidarisme. 1907. 1 volume in-18 (IV), broché...   3 fr. 50

BUISSON (F.). — La politique radicale. 1908. 1 vol. in-18 (V), broché...   4 fr. 50

AVRIL DE SAINTE-CROIX (Mme). — Le féminisme. Préface de V. Marguerite. 1907. 1 volume in-18 (VI), broché..   2 fr. 50

GUYOT (Yves). — La démocratie individualiste. 1907. 1 volume in-18 (VII), broché.............................   3 fr. »

LORULOT (A). — Les théories anarchistes. 1913. 1 vol. in-18. broché (VIII) . ...   3 fr. 5o

LAGARDELLE (H.). — Le socialisme ouvrier. 1911. 1 vol. in-18 (IX), broché.....................................   4 fr. 50

VANDERVELDE (E.). — Le socialisme agraire. 1908. 1 vol. in-18 (X), broché ....   5 fr. »

HERVÉ (G.). — L'internationalisme. 1910. 1 volume in-18 (XI), broché.............. ....   2 fr. 50

MATER (André). — Le socialisme conservateur ou municipal. 1909. 1 vol. in-18 (XIV), broché.....................   6 fr. »

FOURNIÈRE (Eug.). — La sociocratie. (Essai de politique positive). 1910. 1 vol. in-18 (XVI), broché.............   2 fr. 50

MAYBON (A.). — La politique chinoise. Etude sur les doctrines des partis en Chine. 1907. 1 vol. in-18 (XVII), broché..   4 fr. »

CAGNIARD (G.) — La politique nationale. 1914. 1 vol. in-18 (XIX) broché ....   3 fr. 50

SOUS PRESSE

A. LEBEY. — Le Maçonnisme. 1 vol. in-18.

ENCYCLOPÉDIE INTERNATIONALE D'ASSISTANCE,
DE PRÉVOYANCE, D'HYGIÈNE SOCIALE ET DE DÉMOGRAPHIE

PUBLIÉE SOUS LA DIRECTION DU Dr A. Marie

Honorée de souscriptions du Ministère de l'Instruction publique

ASSISTANCE

MARIE (Dr) et (R.) MEUNIER. — Les Vagabonds, avec un avant-propos, par Henry Maret. 1908, 1 vol. in-18 relié toile (i).   4 fr. »

MARIE (Dr) et DECANTE (R.). — Les accidents du travail. Etude critique des améliorations à apporter au régime du risque professionnel en France. 1 vol. in-18 relié toile. (ii) ....   4 fr. »

BEAUFRETON (M.). — Assistance publique et Bienfaisance privée. 1911. 1 vol. in-18 relié toile. (iii).....................   4 fr. »

RODIET (Dr A.). — Les auxiliaires des médecins d'asile (ouvrage couronné par l'Académie de médecine). 1910. 1 vol. in-18 relié toile. (iv) ....   3 fr. 50

LASVIGNES. — Essai d'assistance comparée. 1911. 1 vol. in-18 relié toile. (v),................................   4 fr. »

PRÉVOYANCE :

SICARD DE PLAUZOLES (Dr). — La maternité et la défense nationale contre la dépopulation. 1909. 1 vol. in-18 relié toile. (i). ....   4 fr. »

DECANTE (R.). — La lutte contre la prostitution. Avec préface par Henri Turot. 1909. 1 vol. in-18 relié toile (ii) ....   4 fr. »

DUBIEF (Dr). — L'apprentissage et l'enseignement technique, 1 vol. relié toile (iii) ....   6 fr. »

VIVIANI (R.), *ministre du Travail.* **— Les retraites ouvrières et paysannes,** avec préface. 1910. 1 vol. in-18 relié toile. (iv).   6 fr. »

OLPHE-GALLIARD (G). — Les caisses de prêts sur l'honneur. 1913. 1. vol. in-18, relié toile (v).................   4 fr »

HYGIÈNE :

MARTIAL (Dr R.). — Hygiène individuelle du travailleur. Avec préface de M. le sénateur Strauss. 1907. 1 volume in-18 relié toile (i)...............................   4 fr. »

MARIE (Dr A.). — La pellagre. Avec une préface de M. le professeur Lombroso 1908. 1 vol. in-18 relié toile. (ii) ....   4 fr. »

BERNARD (M.). — **Pour protéger la santé publique.** Avec une préface du Dr Fernand Dubief, *ancien ministre de l'Intérieur.* 1909. 1 volume in-18 relié toile. (III)...................... 4 fr. »

BERNARD (M.). — **L'hygiène publique obligatoire en France.** La lutte administrative contre le choléra et les autres maladies transmissibles, avec préface du Dr A. Marie. 1910. 1 vol. in-18 relié toile. (IV)............................ 4 fr. »

BRETON (J.-L.). — **Le plomb.** 1910. 1 vol. in-18 relié toile. (V)   4 fr. »

MIRABEN (G.). — **La fumée divine (opium), la lutte antitoxique.** 1912. 1 vol. in-18 relié toile. (VI).................. 4 fr, »

HUBAULT (P.). — **Les Coulisses de la fraude. Comment onn ous empoisonne** 1913. 1 vol. in-18. rel. toile (VII).............. 4 fr. »

DÉMOGRAPHIE :

BRON (Dr G.). — **Les origines sociales de la maladie.** Avec préface du Dr A. Marie. 1908. 1 vol. in-18 relié toile. (I)..... 3 fr. 50

WAHL (Dr). — **Le crime devant la science.** 1910. 1 volume in-18 relié toile. (II)............................... 4 fr. »

ROECKEL (P.). — **L'éducation sociale des races noires.** 1911. 1 vol. in-18 relié toile. (III)............................ 3 fr. 50

BIBLIOTHÈQUE PACIFISTE INTERNATIONALE

PUBLIÉE SOUS LA DIRECTION DE Stéfane-Pol

Honorée de la souscription des Ministères de l'Instruction publique et du Commerce

Ont paru :

BEAUQUIER (Ch.). Ed. GIRETTI et STEFANE-POL. — **France et Italie,** avec préface de M. Berthelot de l'*Institut.* 1904. 1 volume in-18 .... 1 fr. »

DUMAS (J.). — **La colonisation (Essai de doctrine pacifiste),** avec préface de Ch. Gide. 1904. 1 vol. in-18 .... 1 fr. 25

ESTOURNELLES DE CONSTANT (D'). — **France et Angleterre.** 1904. 1 vol. in-18 .... 1 fr. »

FINOT (J.). — **Français et Anglais devant l'anarchie européenne.** 1904. 1 vol. in-18 .... 1 fr. »

FOLLIN (H.). — **La marche vers la paix.** 1903. 1 vol. in-18.   0 fr. 75

FONTANES (E.). — **La guerre,** avec préface de F. Passy. 1904. 1 vol. in-18 .... 0 fr. 50

JACOBSON (J.-A.). — Le premier grand procès international de la Haye (notes d'un témoin). 1904. 1 vol. in-18 .... 0 fr. 50

LAFARGUE (A.). — L'orientation humaine. 1904. 1 volume in-18 .... 1 fr. »

LA GRASSERIE (R. de). — De l'ensemble des moyens de la solution pacifiste. 1905. 1 vol. in-18 .... 1 fr. »

MESSIMY. — La paix armée. (La France peut en alléger le po ds). 1903. 1 vol. in-18 .... 0 fr. 75

MOCH (G.). — Vers la fédération d'Occident. Désarmons les Alpes. 1905. 1 vol. in-18, avec 6 graphiques................ 0 fr. 50

NATTAN-LARRIER. — Les menaces des guerres futures. 1904. 1 vol. in-18 .... 1 fr. »

NOVICOW (J.). — La possibilité du bonheur. 1904. 1 volume in-18 .... 2 fr. »

PASSY (Fr.). — Historique du mouvement de la paix. 1904. 1 volume in-18 .... 0 fr. 75

PRUDHOMMEAUX (J.). — Coopération et pacification. 1904. 1 vol. in-18 .... 1 fr. »

RICHET (Ch.). — Fables et récits pacifiques, avec une préface de Sully-Prudhomme. 1904. 1 vol. in-18................ 1 fr. »

RUYSSEN (Th.). — La philosophie de la paix. 1904. 1 volume in-18 .... 0 fr. 75

SEVERINE. — A Sainte-Hélène, pièce en 2 actes. 1904.. 1 volume in-18 .... 1 fr. »

SPALIKOWSKI (Ed.). — Mortalité et paix armée, avec une préface de C. Flammarion. 1904. 1 vol. in-18 .... 0 fr. 50

STÉFANE-POL. — L'esprit militaire. (Histoire sentimentale). 1904. 1 vol. in-18..................................... 2 fr. »

STÉFANE-POL. — Les deux évangiles. Considérations sur la peine de mort, le duel, la guerre, etc. 1903. 1 vol. in-18........ 0 fr. 50

SUTTNER (B[e] de). — Souvenirs de guerre. 1904. 1 volume in-18 .... 0 fr. 50

PETITE ENCYCLOPÉDIE
SOCIALE ÉCONOMIQUE ET FINANCIÈRE

Leçons d'économie politique, par André L IESSE, avec une préface de Courcelle-Seneuil, de l'Institut. 1 vol. in-18 (ı), 1892   3 fr.   ›

La réforme des frais de justice, par E. M ANUEL et R. Louis, docteurs en droit, 2ᵉ édition, 1 vol. in-18 (ıı), 1892..   3 fr.   ›

Code manuel de droit industriel, par M. D UFOURMANTELLE. 3 vol. in-18 (ııı-v) :

> — **Législation ouvrière** en France et à l'Etranger. 2ᵒ édition. 1 vol. in-18 (ııı). 1893......................   3 fr.   ›

> — **Brevets d'invention.** Contrefaçon, etc. 1 vol. in-18 (ıv) 1893 ....   3 fr.   ›

> — **Dessins et marques de fabrique**, nom commercial, concurrence déloyale, etc. 1 volume in-18 (v). 1894 ....   3 fr.   ›

Code manuel des électeurs et des éligibles avec formules, par A. M AUGRAS, avocat-publiciste, 2ᵉ édition. 1 vol. in-18 (vı). 1898   3 fr.   ›

Législation générale des cultes protestants en France, en Algérie et dans les colonies, par P ENEL-BEAUFIN. 1 vol. in-18 (vıı). 1894..   3 fr.   ›

Commentaire de la loi du 27 décembre 1892 sur la conciliation et l'arbitrage facultatifs, par A. L ELONG. 1 volume in-12 (vııı). 1894......................................   1 fr. 50

Législation générale du culte israélite en France, en Algérie et dans les colonies, par P ENEL-BEAUFIN. 1 volume in-18 (ıx). 1894......................................   3 fr.   ›

Code manuel du propriétaire-agriculteur, par Daniel Z OLLA, prof. à l'Ecole nationale d'agriculture de Grignon, 2ᵉ édition. 1 vol. in-18. (x) 1902...................... ....   3 fr. 50

Les questions ouvrières, par Léon M ILHAUD. 1 vol. in-18 (xı). 1894......................................   2 fr. 50

Cours de droit professé dans les lycées de jeunes filles de Paris, par Jeanne C HAUVIN, 2ᵉ édition. 1 volume in-18 (xıı), relié toile. 1908......................................   3 fr. 50

Guide théorique et pratique, général et complet des clercs de notaire et des aspirants au notariat, par Jean M ARTIN, notaire. 1 vol. in-18 (xııı). 1895..........................   3 fr.   ›

La question monétaire considérée dans ses rapports avec la condition sociale des divers pays et avec les crises économiques, par Léon P OINSARD. 1 volume in-18 (xıv). 1895 ....   3 fr.   ›

Les budgets français. Etude analytique et pratique de législation financière, par MM. P. BIDOIRE et A. SIMONIN. 3 volumes :
— **Projet de budget 1895.** 1 vol. in-18 (xv). 1895 ..   3 fr. ▸
— **Budget de 1895 et projet de budget de 1896.** 1 volume in-18 (xvi). 1896....................................   3 fr. ▸
— **Budget de 1896 et projet de budget de 1897.** 1 volume in-18 (xxii). 1897....................   3 fr. ▸

La saisie-arrêt sur les salaires et petits traitements. 2ᵉ édition revue et augmentée par V. EMION. 1 vol. in-18 (xvii). 1896   3 fr. ▸

La question sanitaire, dans ses rapports avec les intérêts et les droits de l'individu et de la société, par le Dʳ J. PIOGER. 1 vol. in-18 (xviii). 1895....................   3 fr. ▸

Les banques d'émission, par G. FRANÇOIS. 1 volume in-18 (xix) ....   3 fr. ▸

La Science et l'art en économie politique, par René WORMS. 1 vol. in-18 (xx. 1896 ....   2 fr. ▸

Code de l'abordage, par Robert FRÉMONT. 1 vol. in-18 (xxi). 1897. ....   3 fr. ▸

L'éducation nationale, par Maurice WOLF. 1 vol. in-18 (xxiii). 1897....................   3 fr. ▸

Mélanges féministes, par L. BRIDEL. 1 volume in-18 (xxiv). 1897....................   3 fr. ▸

La justice gratuite et rapide par l'arbitrage amiable, par A. CHARMOLU, 2ᵉ édit. 1 vol. in-18 (xxv). 1902....................   1 fr. ▸

Petit manuel pratique du juré d'assises, par J. PONCET. 1 vol. in-18 (xxvi). 1898....................   2 fr. ▸

Finances communales, par R. ACOLLAS. 1 volume in-18 (xxvii). 1898. ....   3 fr. ▸

Esquisse d'un tableau raisonné des causes de la production, de la circulation de la distribution et de la consommation de la richesse, par M. TESSONNEAU. 1 vol. in-18 (xxviii). 1898 ......   2 fr. ▸

Code manuel du chasseur, par G. LECOUFFE, 3ᵉ édition. 1 vol. in-18 (xxix). 1909 ....   2 fr. ▸

Code manuel du pêcheur, par G. LECOUFFE. 2ᵉ édition. 1 vol. in-18 (xxx). 1900....................   1 fr. ▸

Manuel pratique des sociétés de commerce et par actions. Participations coopératives. Syndicats professionnels. Sociétés de Secours mutuels. Associations et Congrégations, par A. LAMBERT. 1 volume in-18 (xxxi). 1902 ....   1 fr. 50

Manuel de la propriété industrielle et commerciale, par A. LAMBERT. 1 vol. in-18 (xxxii). 1903....................   3 fr. ▸

Etudes d'économie et de législation rurales, par R. WORMS.
1 vol. in-18 (XXXIII). 1906.........................   4 fr.   »

Code manuel du cycliste, par G. LECOUFFE. 1 vol. in-18 (XXXIV).
1909..   2 fr.   »

BIBLIOTHÈQUE DES DOCUMENTS DU PROGRÈS

PUBLIÉE SOUS LA DIRECTION DU R. Broda

BRODA (R.) et J. DEUTSCH. — Le prolétariat international. Etude
de psychologie sociale. 1912. 1 vol. in-18 (I)........   3 fr.   »

BRODA (R.). — La fixation légale des salaires. Expériences de
l'Angleterre, de l'Australie et du Canada. 1912. 1. vol. in-8
(II)...   2 fr. 50

BRODA (R.). — Le rôle de la violence dans les conflits de la vie moderne (enquête). 1913 1 vol. in-8 (III)..............   1 fr. 50

ANNALES DE L'INSTITUT INTERNATIONAL DE SOCIOLOGIE

PUBLIÉES SOUS LA DIRECTION DE René Vorms

— Premier congrès tenu en 1894, 1 vol. in-8 (I).......   7 fr.   »
— Deuxième congrès tenu en 1895. 1 vol, in-8º (II) ..   7 fr.   »
— Travaux de l'année 1896. 1 vol. in-8º (III) ....   7 fr.   »
— Troisième congrès tenu en 1897. 1 vol. in-8º (IV)....   10 fr.   »
— Travaux de l'année 1898. 1 vol. in-8º (V) ....   10 fr.   »
— Travaux de l'année 1899. 1 vol. in-8º (VI)..........   7 fr.   »
— Quatrième congrès tenu en 1900. 1 vol. in-8º (VII)..   7 fr.   »
— Travaux des années 1900 et 1901. 1 vol. in-8º (VIII)   7 fr.   »
— Travaux de l'année 1902. 1 vol. in-8º (IX)..........   7 fr.   »
— Cinquième congrès tenu en 1903 : Rapports de la sociologie et de
la psychologie. 1 vol. in-8º (X)...................   8 fr.   »
— Sixième congrès tenu en 1906 : Les luttes sociales. 1 vol. in-8º
(XI). ....   10 fr.   »
— Septième congrès tenu en 1909 : (XII-XIII). La solidarité sociale
dans le temps et dans l'espace, 1 vol. in-8º (XII)....   7 fr.   »

— La solidarité sociale, ses formes, son principe, ses limites, 1 vol. in-8° (XIII)... 7 fr. »
— Huitième Congrès tenu en 1913. Le Progrès..... 1 vol. in-8 (XIV). ....:................................... 10 fr. »

TABLE GÉNÉRALE

DES

RÉFÉRENCES DE JURISPRUDENCE

AUX RECUEILS

Sirey, Dalloz, Gazette du Palais, Gazette des tribunaux, et des Pandectes françaises,

Classée par ordre chronologique depuis 1845 jusqu'à 1910 inclus, par Joseph JOUGLAR. *Licencié en droit, avoué à Briançon.*

Deux forts volumes in-4° carré .... 75 fr. »

En Distribution :

Catalogue des ouvrages du fonds (envoi sur demande) gratis

Catalogue des thèses de doctorat en droit (à 1913 inclus).. 2 fr.

Catalogue des ouvrages de droit (occasion). Envoi sur demande .... gratis

Catalogue des ouvrages classiques à l'usage des étudiants en droit. (Envoi sur demande) ....:........... gratis

Bibliographie générale et complète des ouvrages de droit et de jurisprudence classée dans l'ordre des Codes avec table alphabétique des matières et des noms des auteurs, 1 vol. in-8° .... 1 fr. 50

PÉRIODIQUES

REVUE DU DROIT PUBLIC ET DE LA SCIENCE POLITIQUE EN FRANCE ET A L'ÉTRANGER

FONDÉE PAR **F. Larnaude**

PUBLIÉE SOUS LA DIRECTION DE **M. Gaston Jèze**

Avec la collaboration des plus éminents professeurs des Universités de France, Allemagne, Angleterre, Autriche-Hongrie, Australie, Belgique, Canada, Chili, Danemark, Espagne, Etats-Unis, Grèce, Hollande, Italie, Japon, Norvège, Portugal, Roumanie, Russie, Suède, Suisse, Turquie.

Paraît tous les trois mois depuis 1894, par fascicule de plus de 200 p. gr. in-8. Chaque année forme un très fort volume. Prix. 20 fr. ▸

Abonnement annuel : France : 20 fr. Etranger : .... 22 fr. 50.

Le numéro .... 5 fr. ▸

La collection complète comprenant : 1re série (direction Larnaude, 1894-1903) et, 2e série (direction Jèze 1904-1913) avec abonnement à l'année 1914. Prix réduit.............. ... 340 fr. ▸

La deuxième série seule, années 1904 à 1913 avec abonnement à l'année 1914 .... 175 fr. ▸

REVUE DE SCIENCE ET DE LÉGISLATION FINANCIÈRES

PUBLIÉE SOUS LE PATRONAGE DE

MM. Casimir Périer, Ribot, Stourm, Berthélemy,

Chavegrin, Esmein et Hauriou

ET SOUS LA DIRECTION DE **M. Gaston Jèze**

Avec la collaboration des membres les plus éminents du Conseil d'Etat, de la Cour des comptes, de l'Inspection des finances, des professeurs des universités de France, Allemagne, Australie, Belgique, Etats-Unis, Grèce, Italie, Roumanie, Suisse.

Paraît tous les trois mois depuis 1903, par fascicule de près de 200 pages gr. in-8. Chaque année forme un très fort volume. Prix. 18 fr. ▸

Abonnement annuel : France : 18 fr. Etranger : 20 fr. ▸

Le numéro .... 5 fr. ▸

La collection complète (années 1903 à 1913) avec abonnement ▸ l'année 1914. Prix réduit .... 175 fr. à

REVUE INTERNATIONALE DE SOCIOLOGIE

PUBLIÉE SOUS LA DIRECTION DE **M. René Worms**

*Secrétaire général de l'Institut international de sociologie et de la Société
de sociologie de Paris*

Avec la collaboration des membres de l'Institut international de so-
ciologie et des principaux sociologues du monde entier
Paraît tous les mois depuis 1893, par fascicule de 80 pages gr. in-8.
 Chaque année forme un très fort volume. Prix ...... 18 fr. »
Abonnement annuel : France : 18 fr. Etranger : .... 20 fr. »
 Le numéro .... 2 fr. »

La collection complète (année 1893 à 1913 inclus, avec abonnement à
l'année 1914) Prix réduit.................... 280 fr.

REVUE BIBLIOGRAPHIQUE

des ouvrages de Droit, de Jurisprudence, d'Économie politique,
de Science financière et de Sociologie

Paraît tous les mois depuis 1894, par fascicules de 16 pages gr. in-8.
 Les abonnements partent du 1er janvier de chaque année.
Abonnement annuel : France : 1 fr. Etranger : .... 1 fr. 50.
 Le numéro .... 0 fr. 10

LE MOUVEMENT SOCIALISTE

DIRECTEUR : Hubert Lagardelle

Paraît tous les mois depuis 1899, par fascicule de 80 pages, gr. in-8.
 Chaque année forme un fort volume. Prix .... 15 fr. »
Abonnement annuel : France : 15 fr. Etranger :...... 18 fr. »
 Le numéro .... 1 fr. 50

LES DOCUMENTS DU PROGRÈS

PUBLIÉS SOUS LA DIRECTION DU Dr Rodolphe Broda

Paraît tous les mois depuis 1907, par fascicule in-8. Chaque année
forme 2 volumes.
Abonnement annuel : France 10 fr. ; Etranger .... 12 fr. »
 Le numéro .... 1 fr. »

LE DEVENIR SOCIAL

(Revue internationale d'économie, d'histoire et de philosophie).
 La collection complète (1895-1898). 4 forts volumes fr. in-8   50 fr.

Saint-Amand (Cher). — Imprimerie BUSSIÈRE.

ALFREDO NICÉFORO. — *Les Classes Pauvres* . . . . . . 8 fr. »»

LESTER F. WARD. — *Sociologie pure*, 2 volumes . . . . . . 16 fr. »»

RAOUL DE LA GRASSERIE. — *Les principes sociologiques du Droit civil* . . . . 10 fr. »»

EDWARD CAIRD — *Philosophie sociale et religion d'Auguste Comte* . . . . 4 fr. »»

ARTHUR BAUER. — *Essai sur les Révolutions* . . . . . . 6 fr. »»

SCIPIO SIGHELE. — *Littérature et Criminalité* . . . . . . 4 fr. »»

PAUL LACOMBE. — *Taine, historien et sociologue* . . . . . 5 fr. »»

MAXIME KOVALEWSKY. — *La France à la veille de la Révolution*, 2 vol. . . . . 15 fr. »»

LUDWIG STEIN. — *Le sens de l'existence* . . . . 12 fr. »»

R. MAUNIER. — *L'origine et la fonction économique des villes* . . 6 fr. »»

A. BOCHARD. — *L'évolution de la fortune de l'Etat* . . . . . 6 fr. »»

SCIPIO SIGHELE. — *Le crime à deux* . . . . 4 fr. »»

M.-H. CORNEJO. — *Sociologie générale*, 2 volumes . . . . . 20 fr. »»

RAOUL DE LA GRASSERIE. — *Les principes sociologiques du Droit public* . . . . 10 fr »»

AUGUSTE COMTE. — *Système de Politique positive*, condensé. . 12 fr. »»

RENÉ WORMS. — *La sexualité dans les naissances françaises* . . 5 fr. »»

ARTHUR BAUER. — *La Culture morale et l'Enseignement public* . 6 fr. »»

M. SZERER. — *La Conception sociologique de la peine*. . . . . 4 fr. »»

ROBERT MICHELS. — *Amour et Chasteté*. . . . . . . 5 fr. »»

CHARLES A. ELLWOOD. — *Principes de psycho-sociologie* . . 6 fr. »»

A. DELLEPIANE. — *Les sciences et les méthodes recronstuctives* . 4 fr. »»

AD. FERRIÈRE. — *La loi du progrès* . . . . 12 fr. »»

Série in-18, brochés :

RENÉ WORMS. — *Les principes biologiques de l'évolution sociale* . 2 fr. »»

MARK BALDWIN. — *Psychologie et sociologie (l'individu et la société)* . . . . 2 fr. »»

W. OSTWALD. — *Les fondements énergétiques de la science de la civilisation* . . . . 2 fr. »»

R. MAUNIER. — *L'économie politique et la sociologie*. . . . . 2 fr. 50

J. NOVICOW. — *Mécanisme et limites de l'association humaine* . . 2 fr. »»

L. ARREAT. — *Génie individuel et contrainte sociale* . . . . . 2 fr. »»

RAOUL DE LA GRASSERIE. — *De la Cosmosociologie*. . . . 2 fr. 50

GASTON RICHARD. — *L'autonomie nationale et l'impérialisme* . 2 fr. 50

SAINT-AMAND (CHER). — IMPRIMERIE BUSSIÈRE.